오늘 배우지 아니하고 내일이 있다고 말하지 말며
올해 배우지 아니하고 내년이 있다고 말하지 말라.
날과 달은 흐르니 세월은 나를 위해 더디게 흐르지 않는다.
명심보감

홀로 모든 것을 이뤄낼 수는 없다.
주변에 있는 사람들을 부자로 만들어야 당신도 부자가 될 수 있다.
앤드류 카네기

잠자는 동안에도 돈이 들어오는 방법을 찾아내지 못한다면
당신은 죽을 때까지 일을 해야 할 것이다.

워렌 버핏

사람들은 언제나 돈을 저축하라고 충고한다.
그러나 이것은 나쁜 충고다.
모든 돈을 저축하지는 마라. 자신에게 투자하라.

헨리 포드

상위 0.1% 부자는 어떻게 만들어지는가

상위 0.1% 부자는 어떻게 만들어지는가

펴낸날 2019년 10월 21일 1판 1쇄
2019년 11월 15일 1판 2쇄

지은이 박지영
펴낸이 강유균
편집위원 이라야 남은영
기획·홍보 김아름
교정·교열 이교숙
경영지원 이안순
디자인 현애정
마케팅 신용천

펴낸곳 리드리드출판(주)
출판등록 1978년 5월 15일(제 13-19호)
주소 경기도 고양시 일산서구 고양대로632번길 60, 207호(일산동, 대우이안)
전화 (02)719-1424
팩스 (02)719-1404
이메일 gangibook@naver.com
홈페이지 www.readlead.kr
포스트 https://post.naver.com/gangibook

ISBN 978-89-7277-330-6 (03320)

이 도서의 국립중앙도서관 출판예정도서목록(CIP)은 서지정보유통지원시스템 홈페이지(http://seoji.nl.go.kr)와
국가자료공동목록시스템(http://www.nl.go.kr/kolisnet)에서
이용하실 수 있습니다.(CIP제어번호: CIP2019037376)

이웃집 부자들의 돈을 부르는 삶의 태도와 습관

상위 0.1% 부자는 어떻게 만들어지는가

박지영 지음

리드리드출판

프롤로그

상위 0.1%,
그들은 나와 무엇이 다른가

“로또에 당첨된다면 무엇을 하시겠어요?”

이 말은 내가 강의 중에 자주하는 질문이다. 돈에 대한 사람들의 소망을 알고 싶어서 묻는 것이다. 답변을 모아보면 “집(빌딩)을 살 겁니다.”가 부동의 1위다. 뭐니 뭐니 해도 부동산이 확실한 투자처이자 재산을 지키는 안전한 방법이라고 여기는 것 같다. 그 다음은 세계여행을 떠나고 싶다는 로망, 은행 빚을 갚는다거나 안락한 노후를 위해 저축한다, 수입 자동차를 산다 등 각양각색의 대답이 나온다. 모든 대답에 그들의 소망이 담겨 있기에 인정하고 응원한다. 그러면서도 한편으로는 건물을 소유하고 세계여행이나 다니면서 유명 맛집 탐방 정도가 행복의 종착지인가 하는 의문이 꼬리를 묻다.

"그럼, 그걸 다하고 나서도 돈이 남는다면 무엇을 하시겠어요?"

이 질문에는 즉답을 내놓은 사람이 그리 많지 않다. 생각해본 적이 없다고 하거나, 저축해놓고 놀면서 이자나 받으며 살겠다고 한다. 간혹 기부를 하겠다고 말하는 사람도 있다.

우리의 삶 전체를 끌어당기는 블랙홀처럼 돈이 중요하다고 여기면서도, 정작 돈을 벌어 어떻게 쓰면 좋을지에 대해서는 구체화하지 못하고 있다. 우선 돈부터 많이 모으겠다는 욕망이 간절하기 때문이다. 사랑하는 사람과 더 행복하기 위해 돈을 벌고 싶지만, 정작 어떤 방식으로 우리 삶을 풍요롭게 만들지는 생각하지 않는다. 그런 거야 돈 벌고 나서 생각해도 늦지 않고, 돈만 있으면 문제가 되지 않는다고 여기는 것이다.

부자로 살고 싶지 않은 사람은 없다. 성공했다는 말이 곧 부자가 됐다는 것과 일맥상통하는 시대다. 우리는 성공한 부자가 되기를 갈망하고 동경한다. 그러나 돈에만 매달리는 삶은 각박한 삶을 살 수밖에 없다. 여유를 느끼지 못하고 주변을 살피지 않으니 더 많은 위험요소를 만나게 된다. 남이야 어찌되든 나만 아는 이기적인 사람이 되거나, 평균에도 미치지 못하는 도덕의식으로 사회의 지탄을 받기도 한다.

돈에 있어서만큼은 자신이 중심을 잡아야 한다. 그런 사람은 부와 명예를 가진다 하더라도 이웃과 주변 사람들을 함부로 대하지 않는다. 남을 무시하지도 않는다. 그들은 자기생각이나 신념이 틀릴 수도 있음을 알고 부단히 배우고 노력한다. 중요한 건 부와 인격의 균형이다.

20년 가까이 VIP 마케팅을 해오면서 느낀 점은 부자라고 해서 결코 다 같은 부자는 아니라는 사실이다. 부자로 존중받는 사람이 있는가 하면, 서로 어울리기 꺼리는 부류도 있다. 많은 걸 포기하고 돈만을 좇아 달려오면서, 잃은 것이 훨씬 많아 보이는 이들도 있다. 돈이 많다고 사회적으로 인정받고 스스로에게도 당당해질 줄 알았다면 큰 오산이다. 돈에 집착하는 삶은 마치 바닷물을 마시는 것처럼 영원히 갈증만을 느끼게 될 뿐이다.

우리는 품위를 지키고 올바르게 행동하는 사람을 진정한 상류층으로 인정한다. 그들이 삶의 현장에서 보이는 긍정적인 자세, 세상의 변화와 거대한 움직임을 알고자 하는 호기심, 나와 타인을 이해하는 성찰에 매료되기 때문이다. 매너와 양심, 철학을 지니고 사회에 선한 영향력을 발휘하는 모습이다.

이 책은 어떻게 해야 부자가 되는지에 관한 내용이 아니다. 당신이 어느 자리에 있더라도 자신이 가진 역량을 증명하고 목표에 다가갈 수 있는 근본적인 힘에 대해 말하고 있다. 불안하고 위기에 처한 상황에서 환경을 탓하기보다는 내가 할 수 있는 일에 집중하고 변화를 읽어내려는 진짜 공부가 필요하다. 외부에서 강요된 열정이나, 헛된 맹신, 거짓 위로는 도움이 안 된다. 진정한 변화는 자기가 계획하고 움직일 때 일어난다.

성공한 부자들에게 배울 수 있는 '교양과 습관, 추구하는 가치'를 이 책에 담았다. 소개된 부자들의 생활을 통해 성공과 돈에 대한 개념을 재정립할 수 있기를 기대해본다. 그들이 전하는 경험과 시행착오를 통해서 자신의 라이프 스타일도 점검하고 운용하는 데 도움이 되기를 희망한다. 여기에 더해 자기 삶을 더 의미 있게 만드는 요소들에 대해 고민해보는 계기가 되었으면 좋겠다.

나와 주변을 들여다보는 여유, 예술을 사랑하는 안목, 삶에 대한 긍정의 에너지, 성공에 대한 철칙 등에 관심을 갖자. 경험상 이런 것들이 조합되고 완성된 사람들에게 돈이 따르고 부자라는 명성이 어울린다.

우리는 인생을 더 멋지고 행복하게 살기 위해 돈을 번다. 그 돈으로 인생을 얼마나 더 근사하게 바꿀 수 있는지를 고민하는 것 역시 우리의 할 일이다.

이 책을 읽는 당신은 이미 당신 삶의 VVIP다!

박지영

차례 contents

PART 3

인간관계_ 커뮤니케이션의 비밀

PART 4

시간_ 제한된 신의 선물

PART 5 열정_ 보편적 가치에 자신의 가치를 더하라

PART 6 자기계발_ 세상에 대한 끝없는 탐구

PART 7 개성_ 내가 나를 만든다

PART 8 소비_ 노력한 결과가 가져온 기쁨

선천적으로 현명한 사람은 없다.
시간이 모든 것을 완성한다.
세르반테스

PART
1

교양

세련미는
누구나 끌어당긴다

우리는 교양 있는 사람에게 끌린다. 은연중에 그가 하는 말과 행동에 내 생각이 사로잡히게 되는 것이다. 그가 전문지식을 뽐내서도 아니고 부를 과시해서도 아니다. 몸에 밴 동작과 말투, 격조 있는 언행이 그를 돋보이게 한다.

교양을 습관처럼 익혀야 한다. 언제 어디서 누구를 만나든 예의와 품격을 갖춘다면 신뢰를 얻을 수 있다. 하지만 하루아침에 쌓아지는 교양이 아니니 부단히 노력해야 한다.

01

교양에 목마름을 느껴라

'교양' 하면 우아함, 지적임, 세련, 배려, 여유, 품위, 품격, 품성 등 바른 이미지의 단어들이 연상된다. 왠지 조심스럽고 거리감이 느껴지는 이 단어를 접하면 은근히 주눅도 든다. 나의 일상과는 거리가 멀다는 생각이 들면서 저절로 자세를 가다듬게 된다. 허리를 곧추세우고 어깨를 슬쩍 펴본다. 교양 있는 척이라도 해보겠다는 심산이지만 이내 원상태로 돌아온다. 그런 자신의 모습을 보면서 '그래, 교양이고 뭐고 마음 편한 게 최고야.'라며 아이스커피 한 모금을 마신다. 식도를 타고 시원스레 내려가는 커피 맛에 집중해보지만 마음 한편으로는 좀 씁쓸하다.

우리가 교양인이라고 인정하는 사람들을 살펴보자. 생각이 깊고 신조를 가지고 있는 사람, 동작이나 말투에 격조가 있고 근엄함을 지닌 모습, 은은한 미소를 띠고 대화를 나누며 상대를 배려하는 마음에 완벽한 인격까지 겸비한 모습, 어딘지 모르게 우리와는 차원이 다른 세상을 사는 사람들처럼 보인다.

그렇다면 그토록 범접할 수 없는 아우라가 느껴지는 교양인은 어떤 사람들일까? 우리는 어떻게 교양인이 될 수 있는가? 많이 배우면 되는가? 나이가 들면서 세월과 함께 쌓이는가? 돈이 많으면 교양이 저절로 붙는가? 하지만 아무리 마음이 급해도 꼿꼿이 서서 바닥에 떨어진 바늘을 찾을 수는 없다. 허리를 숙이고 무릎을 굽혀야 떨어진 바늘이 보인다. 그러므로 우리도 서두르지 말고 교양에 접근해보자.

내가 교양이라는 단어를 본격적으로 접한 것은 대학시절 수강신청을 하면서였다. 전공과 교양으로 나누어진 수강과목 중에 교양은 삶의 질을 높이는 과목으로 인식되었다. 물론 학점도 전공과목보다는 후하게 나오는 편이라 부담도 없으니 박학다식해져볼 요량으로 다양한 과목을 신청했다.

오로지 입시만을 위한 중고등학교 시절을 보내고 대학에 입학했으니 "이 정도는 알아야 대학생이지."라는 우월감을 느끼고 싶었던 것 같다. 어쨌거나 대학생활 내내 교양을 아주 훌륭하게 이수했다. 하지만 아직도 '교양'을 한마디로 정의하기는 어렵다. 교양이란, '우아하게 살아가는 데 필요하지만 먹고사는 문제와는 직접 관련 없는 분야'쯤으로 인식되고 있는 것 같다. 그러니까 있으면 좋고 없어도 크게 치명적이지 않은 이미지다.

그런데 사회적 관점에서 보면 교양이라는 단어는 거의 모든 단어의 앞과 뒤에 붙을 정도로 그 범위가 광범위하다. 교양 영어, 교양 세계사, 시사교양, 교양 프로그램, 교양도서, 교양상식 등등. 어느 단어에 붙든지 그것을 현대인의 필수요소로 만들어버리는 막강한 파워를 지니고 있다. 그만큼 우리 삶의 전반에 걸쳐 교양이 작용하고 있음을 보여준다.

스티브 잡스는 "현대 제품들에 기술Tech만 있어서는 안 된다. '리버럴 아츠Liberal arts'가 있어야 한다."라고 했다. 리버럴 아츠를 검색하면 우리말로 기초 교양이라는 설명이 나온다. IT와 모바일 기술의 발달로 몇 번의 검색만으로 궁금증을 해결할 수 있고, 방대한 지식도 몇 번의 클릭으로 다운받을 수 있는 이 시대에 잡스는 왜 기초 교양에 대한 목마름을 드러낸 것일까?

리버럴 아츠란 개념을 알기 위해선 고대 그리스 시대로까지 거슬러 올라가게 된다. 고대 그리스 시대의 교양이란 시민, 그것도 남성만이 누릴 수 있는 특권이었다. 7과에 해당하는 문법, 수사학, 논리학, 산술, 기하학, 천문학, 음악을 배우고 거기에 우주과학과 예술을 아우르며 인문학보다 폭이 넓은 개념으로 학습했다. 이를 토대로 사고의 자유를 누리고 의사를 표현할 수 있었다. 요즘 문화로 통칭되는 예술 전반을 향유하며 지식을 논하고 철학을 탐구하며 지적 욕구를 충족시켰다. 그들에게 있어 교양은 노예나 기술자들과 확실한 차별이 될 수 있는 지점이었다. 스스로 생각하고 판단해 자신의 길을 창조적으로 열어갈 수 있는 능력이 교양이라고 믿었다.

현대는 누구든지 교양을 쌓을 수 있는 시대가 되었다. 그렇지만 역설적이게도 교양은 현대인들에게 도외시되고 있다. 이유는 생계가 걸린 문제보다는 덜 중요하다고 판단하거나 혹은 뭔가 피곤하고 고리타분하다고 받아들이기 때문이다. 교양 따위에는 신경 쓸 여력이 없다는 것이다.

현대인들은 일에 얽매여 치열하게 살아가고 있다. 자기 목표에 전념하느라 다른 문제에 관여할 여유를 박탈당하고 기계적인 일상을 반복해서 산다. "무엇 때문에?", "무엇을 위해서?"라는 의구심을 갖고 삶을 자세히 들여다보면 안타깝게도 돈이 그 자리를 차지하고 있다. 시장경제, 자본주의 시대의 돈이란 위력에 굴복한 셈이다. 그래서 "물질에 종속될 것인가?", "물질로부터 자유로울 것인가?"라는 문제는 우리에게 늘 질문을 던지며 교양에 접근하게 만든다.

인간은 먹어야 산다는 절대명제 앞에서 우리는 물질로부터 온전히 자유로울 수 없다. 그렇지만 인간은 사고思考의 동물이다. 먹고사는 문제에 가치를 더해야 한다는 뜻이다. 왜 사는지에 대한 자기 나름의 철학이 있어야 삶의 방향이 잡히고 삶이 즐거워진다. 무엇을 추구하고 어떻게 살 것인가에 대한 나름의 답이 나오면 삶의 가치가 달라진다. 바로 거기서 교양이 움튼다. 교양은 삶의 질에 관련된 접근이다. 욕구나 본능의 노예로 끝낼 수는 없다는 인식의 발로다.

대학 진학율이 80%가 넘고 전 국민의 학력수준이 높아졌지만 여전히 교양은 부족하다. 점수 따기 위한 공부를 했기에 지식이 교양으로 승화되지 못했다. 경쟁에서 살아남기 위한 수단으로 지식이 가치 있었을 뿐 자기 삶을 풍요롭게 해주는 역할은 축소되었다. 스스로 삶의 성장판을 닫아버렸기 때문에 먹고사는 문제에만 집중하게 된 것이다. 돈을 위한, 돈에 의한 삶이 되어 즐거움과 만족의 흐름은 사라지고 정체된 삶이 돼버리고 말았다.

정체는 사물이 발전하거나 나아가지 못하고 한자리에 머물러 그침이라고 사전에서 정의하지만 사회적인 측면에서는 시대에 뒤처지는 것을 의미한다. 새로운 것을 받아들이며 나아가는 이들과 간극이 점점 벌어지기 때문이다. 제자리 뛰기라도 하면서 우리는 늘 묻고 따져보아야 한다. 다방면에서 필요한 지식을 축적하고 다양한 정보를 습득하면서 교양을 쌓아가는 것이다. 교양은 남이 가르쳐주는 교육과 다르다. 스스로 사고하고 사유하는 힘으로 쌓아 나갈 때 진정으로 자신의 것이 된다.

02

이제는 인생에 ‘폼’을 더할 때다

“사는 것이 쉽다고 말하는 사람을 만나본 적이 있는지요?”

잘나가는 사람은 잘나가는 대로, 어려운 처지에 있는 사람은 그 나름대로 삶의 피곤함이 있다. 이왕지사 세상에 던져진 이상 주인공으로서 행복한 인생을 살고 싶지만 현실은 자기 마음 같지가 않다. 세상 탓을 해봐도 별 소용이 없다. 원하는 조건을 선택해서 태어나는 삶이 어디 있으랴. 그저 결핍을 안고 나름대로 열심히, 자신의 영역에서 최선을 다해서 살아가고 있는 중이다.

그렇다면 마냥 행복하기만 한 삶이 있을까? 장담컨대 그런 삶을 사는 사람은 아무도 없다고 확신한다. 누구나 고민 한 가지씩은 가지고 있고, 그 고민이 다른 사람의 눈에는 별것 아닐지라도 자신은 상처를 안고 고통스러워한다. 사람들은 자기 모습대로 살면 된다고 하지만 타고난 자기의 모습과 성질대로 살다가는 세상과 부딪치기 십상이다. 사회에서 요구하는 인격과 우리가 가진 성향이 일치하기 어렵기 때문이다. 특히 업무관계에서는 맨 정신으로는 차마 말할 수 없는 처절한 스토리가 따른다. 이래서 부처님이 세상은 고해라고 했나 싶다.

어느 날 이제 막 중2에 접어든 아들 녀석이 뜬금없이 내게 질문을 던져왔다.

"엄마, 엄마 나이가 되면 왜 사는지 알 수 있어?"

갑작스런 질문에 놀라 쳐다보니 정말 궁금하다는 듯 재차 묻는다.

"인생이 뭔지 알 것 같아?"

참으로 당황스러웠다. 진실한 대답을 듣고 싶어 하는 아들의 눈길을 슬쩍 피했다. "인생을 알면 내가 도인이지 이렇게 살겠냐."라고 우스갯소리로 넘기기에는 녀석이 너무 진지해보였다. 그렇다고 "쓸데없는 생각하지 말고 공부나 해!"라고 밀어붙일 수도 없었다.

"인생이 뭔지 몰라서 답답해?"

우선 말꼬리를 잡고 되물었다.

"엄마는 이젠 조금 알 것 같기는 해. 하지만 뭐라고 딱 한마디로 말해줄 수는 없어. 좀 복잡하게 꼬인 실타래 같아서 말이야. 네 나이였을 때의 마음도 기억나. 지금은 당장 알 수 없어 답답하지? 그렇지만 네가 읽은 책에서 힌트를 얻을 수도 있고, 친구들과 어울리며 찾을 수도 있어. 엄마가 확실하게 말할 수 있는 건, 네 마음속에서 진지하게 답을 찾으려고 노력하는 게 중요하다는 거야. 지금처럼 친구들과 즐겁게 어울리면서 스스로 어떤 생각들을 하고 있는지를 잘 관찰해봐."

그런데 이렇게 대답을 해놓고 나는 나 자신에게 실망하고 말았다. 결국 또 책 읽으라는 잔소리를 한 것이다. "인생이 뭐냐?"라는 내 질문에 누군가 이처럼 대답을 해준다면 "뭐야, 결국 모른다는 거네."라고 콧방귀를 뀌었을지도 모른다. 아들 녀석이 원하는 대답은 무엇이었을까? 무슨 말을 하고 싶었을까? 무슨 고민이 있을까? 요즘 부쩍 말이 없어진 녀석의 속내가 궁금하지만 결국 스스로 답을 찾아가기를 바라고 도와줄 밖에 특별한 묘수가 떠오르지는 않는다.

누구든 자기 삶에 대한 의문과 답답함이 밀려올 때가 있다. 왜 사는지도 모르면서 시간에 쫓기고 여유롭게 즐기지도 못하는 것에 허무를 느낀다. 명쾌한 현답을 구하지만 그 어디에서도, 그 누구에게도 답을 들을 수 없다. 그래서 "왜 사는가?"라는 질문은 고대 그리스 철학에서 출발해 지금까지 이어지고 있는 현재 진행형이다.

우리는 살면서 다리가 꺾이는 지점들을 많이 직면한다. 업무적으로도 그렇지만 인간관계에서도, 지독한 사랑에 있어서도 그렇다. 그런 상황 속에서도 자신의 색깔을 만들어가는 사람이 있고, 남들과 비교하며 자신의 삶을 온전히 누리지 못하는 사람들이 있다. 어떤 차이가 이렇게 서로 다른 삶의 방향을 결정할까.

어떤 이는 타고난 조건이 다르기 때문이라고 말한다. 여기에는 자기조건에 대한 불만족이나 불공평함에 대한 하소연이 깔려 있다. 그렇지만 인생출발선의 차이는 자신이 결정할 수 있는 것이 아니다. 불만을 가져봤자 도움이 될 게 없다. 출발선이 결과에 영향을 미치기는 하지만 분개할 필요까지는 없다는 것이다. 왜냐하면 우리 인생은 긴 마라톤이자 심한 굴곡을 가늠할 수 없는 등고선을 가지고 있기 때문이다. 정상까지 올라간다고 가정했을 때, 출발점에서의 유리한 조건은 인생을 살아갈수록 영향력이 약화된다. 오히려 짐이 될 수도 있다.

문제는 자기의 의지다. 하루 24시간씩 평균 70년, 아니 100년을 어떻게 운용하고 살아냈는지에 따라 결승지점에서의 모습은 많은 차이를 보인다. 어떤 마음으로 세상과 마주하느냐에 따라 결승선을 통과하는 모습도 달라지는 것이다.

아직도 자신이 통제할 수 없는 조건이 억울하다고 땅만 치고 있는가? 불만만 품은 채 생을 마감하고 싶은가? 그렇지 않다면 지금 그렇게 투정부리고 응석부릴 시간이 아니다. 차라리 자신을 지탱해주고 살아가는 데 보탬이 되는 근원적인 힘을 찾아 나서는 것이 현명하다. 주목해야 하는 건 바로 지금 여기다.

세상살이가 냉혹함으로 두려울 때, 돌아선 사람의 등을 보고 마음이 아플 때, 막막한 미래가 불안할 때 이겨낼 힘은 자기내면에서 시작된다. 자신의 삶을 사랑하는 것에 모든 게 달려 있다. 자신을 믿는 믿음, 자기신뢰는 삶의 방해 요소를 제거할 수 있게 돕고 난관에 꿋꿋하고 당당하게 맞설 수 있는 용기를 준다. 어차피 한 번 사는 인생인데 폼나게 살아보자고 덤비는 것이 더 나은 결과로 이어질 것이다.

그런데 막상 살다 보면 이 '폼'이 문제다. 대부분 폼나게 살자고 하면 백이면 백 모두 돈을 떠올린다. 돈이 있어야 인생 '폼생폼사', 쉽게 말해 폼나게 살 것 아니냐는 반문도 서슴지 않는다. 자신의 '폼'을 구사하는 데 필요충분 조건은 '돈'이라는 것이다.

돈이 없어서 제한된 삶을 살 수밖에 없으니 모든 해결점을 돈에서 찾는다. 돈만 있으면 으리으리한 집에 남들이 부러워하는 명품으로 휘감고, 멋진 고급차를 타고, 고급 식당만 드나드는 폼을 갖출 수 있다고 생각한다. 돈으로 가꾼 그 찬란한 인생을 상상하며 배시시 잇몸미소까지 만개한다. 그런데 문제는 돈이 없기 때문에 이루지 못한다는 것이다. 이것이 진짜 당신이 꿈꾸는 '폼'인가?

돈이 살아가는 데 중요하지만 왜 돈을 벌어야 하는지, 그 돈을 벌어서 하고 싶은 것은 무엇인지, 어떤 삶을 살고 싶은지에 대한 진지한 고민 없이 '돈'이라면 무조건 다다익선, '부자'가 되는 것을 삶의 목표로 산다면 그 사람은 죽은 삶을 사는 것이나 마찬가지다. 자기 삶의 주인자리를 '돈'에게 내준 꼴이 되기 때문이다.

돈이 내 삶의 주인이 된다면 우리는 그 주인을 위해 얼마나 희생

해야 할까. '성공'은 곧 돈 많은 부자가 되는 것이라고 믿고, 돈이 되는 것에만 집중하고, 돈을 버는 일에 매달릴 것이다. 돈을 그 무엇보다 우위에 두고 생각하고 행동하게 될 것이 뻔하다. 돈을 상전으로 모시는 꼴이다.

진짜 당신을 빛나게 하는 폼은 인생을 대하는 자세와 마음가짐에서 나온다. 이것은 절대 돈이 해결해주지 않는다. 아니, 돈이 절대 못 하는 일이다. 어렵지도 않다. "무엇을 위해 살아야 하는가?"라고 자기 자신에게 질문을 던지는 순간, 당신은 진짜 '폼'나는 인생으로 접어들었다고 봐도 된다. 당신 삶의 진정성과 가치를 찾아가는 길이기 때문이다. 돈 외에 "무엇을 위해 살 것인가?"를 찾는 것, 그 자체로 인생이 달라질 수 있다.

자기 삶의 목적은 무엇인지, 지금 숨 가쁘게 달려가고 있는 목적지는 도대체 어디인지, 자신에게 자주 물어보자. 그러면 이 사회의 거대한 물결 속에서 매몰되지 않고 잘 살아있는지 스스로 답을 찾아갈 수 있다. 그리고 그 과정에서 진정으로 자신이 추구하는 '폼'을 찾게 된다.

하지만 자기반성과 자기평가가 따르는 이 질문에 누구라도 쉽게 결론내리기 어렵고 단정짓기 힘들다. 정답이 있는 것도 아니어서 해답지를 구할 수도 없다. 어떤 훌륭한 인물의 인생담이나 교훈이 지침서나 참고자료는 되겠지만 전적으로 의지하고 모방할 수도 없다. 100% 일치하는 상황과 조건이 아니기 때문이다.

일본의 지성 가토 슈이치는 "최첨단 기술이 탑재된 자동차도 마음대로 움직일 수는 없다. 출발 전에 어디로 가야 할지 목적을 정하고 방향을 결정해야 출발할 수 있다. 바로 이것이 교양의 역할이다."라고 간단명료하게 교양을 설명했다.

성공해서 부자가 되는 것이 우리 삶의 지향점으로 자리잡았지만, 우리는 어떤 부자가 될 것인가에 대해 심각하게 고민해야 한다. 존경받고 인정받는 부자들은 그들이 가진 품격과 교양의 깊이로 공경을 받는다.

다른 사람의 기준에 의해 흔들리지 말자. 자신의 욕망을 이해하고, 자기시선으로 온전한 삶을 살아내는 사람들이야말로 교양을 갖춘 사람이다. 자기 삶에 대한 전방위적인 질문과 성찰을 마친 사람이기 때문이다. 진지한 성찰 없는 부는 오래 유지되지 못한다. 자기 삶의 주인이 되어 이끄는 자만이 '폼'나는 인생을 살 수 있다.

03

우아함이란 무엇인가

대한민국 0.1%에 드는 사람들은 자타가 공인하는 사회적 신분이나 영향력을 갖춘 사람이다. 그들의 라이프 스타일을 마케팅하는 부서에서는 회원 대상 오프라인 행사를 기획한다. 그럴 때면 행사 자체에 대한 관심보다 참석하는 회원들에게 저절로 호기심이 간다. 최고의 성공을 거두며 두각을 나타내고 있는 그들을 알고 싶은 것이다. 어쩌면 나와 다른 그 무엇을 찾기 위해서인지도 모르고, 혹은 나도 잘하면 그들처럼 될 수 있다는 희망을 보기 위해서인지도 모르겠다.

하지만 기대했던 것과 다르게 그들의 첫 인상은 보통사람과 크게 다르지 않았다. TV드라마에 등장하는 부유층처럼 완벽한 미모와 패션을 소화한 사람도 많지 않고, 치렁치렁 부를 드러내지도 않는다. 그들에게 가장 눈에 띄는 것은 '당당한 태도'와 '자신감'이었다. 그러면서도 상대를 대할 때는 겸손한 매너를 갖고 있다. 교양 있는 우아함을 드러내며 여유 있는 미소와 행동을 보인다. 마치 감히 넘볼 수 없는 고귀함이 연상되기도 하는데, 상류층만이 누릴 수 있는 호사스러움도 물씬 배어나온다. 그로 인해 그들의 우아함은 우리의 평범한 일상과 일정한 거리를 두고 범접할 수 없게 만든다.

물론 마케팅 행사에 온 목적이 있고, 어떤 사람을 초대했는지가 뻔한 상황에서 그 누구도 자기 본연의 모습을 드러내지는 않는다. 몹시 배가 고프지만 허겁지겁 먹고 싶은 것을 참고 있을 수도 있고, 행사에 오기 전 막말을 하며 언성을 높였음에서 온화한 미소로 상대와 마주하고 있는 상황일지도 모른다. 어쩌면 배탈로 속이 불편한 데도 권하는 와인을 어쩔 수 없이 마셔야 하는 입장일 수도 있다. 참 어렵게 산다고 생각하는 사람도 있겠지만 그들이 사는 방식이니 이것에 대해 왈가왈부하기보다는 상황을 이해해보는 편이 더 낫겠다.

고대로부터 사람들은 '지성, 잘 단련된 몸, 그리고 상대를 배려하는 이해심' 이 세 가지를 우아함의 필수요소로 삼았다. 우아함은 겉치레의 외형이 아니라 내면 성장을 위해 지성을 가꾸고 건강한 정신을 위해 신체를 잘 유지하고 품격과 자존심을 유지하는 일이었다.

그로 인해 우아함은 계층 간의 보이지 않는 차이로 작용했고, 다름을 인정해야만 하는 그 무엇이었다. 명문가 자제들에게서 볼 수 있는 몸가짐으로 대대로 내려오는 가풍에 따라 행동하다 보니 습관처럼 몸에 밴 품위라 할 수 있다. 우리도 이런 우아함을 연습하고 몸에 익혀 자연스럽게 행동에서 드러나도록 하면 어떨까? 마치 요리를 잘하고 자전거를 잘 타기 위해 연습하는 것과 마찬가지다. 연습할수록 더 자연스러워질 수 있다. 왠지 말만 들어도 우아함에 한발 다가서는 느낌이다. 그에 대한 노력은 당신 몫으로 남겨두겠다.

우아함이란 고상하고 기품 있는 아름다움이다. 자신의 반응, 욕구, 관심을 다스리는 것에서부터, 세상과 조화롭게 잘 지내기 위해 다른 사람에게 초점을 맞추는 것까지 모두 우아함에 포함된다. 사라 카우프먼은 《우아함의 기술》에서 진정한 우아함은 마음에서 나오는 것이며, 훈련을 통해 개발할 수 있다고 했다. 우아함은 남을 편안하게 해주는 기술이라는 것이다. 우리는 바로 그런 점 때문에 그 사람에게 끌리게 된다. 그것이 자기의 '자제심에서 나오는 편안함'이라는 원리에 수긍이 간다.

우아함은 다른 사람을 존중하는 너그러움과 배려하는 마음, 자신의 실수를 인정하는 태도, 나와 주변을 잘 보살피는 여유와 관심이다. 위기 속에서도 여유와 유머를 잃지 않고 상황을 너그럽게 받아들일 줄 아는 포용력까지 발휘하는 것이다. 상대를 당혹시키지 않고 잘못을 이해하려는 배려가 호응을 얻는다.

우아함은 도도함과 달라서 상대를 자기편으로 끌어들이는 묘한 매력이 있다. 자신의 욕구와 관심을 잘 다스릴 줄 아는 사람만이 다른 사람들과 어울렸을 때 유쾌한 분위기를 만들 수 있고 상대방에게 초점을 맞출 수 있다. 이런 편안함으로 타인과 공감대를 형성하고 유대감을 이어갈 때, 인정과 존중을 받게 된다.

인류의 가장 오래된 잠언서인 '파피루스'에 전하는 이집트의 고관 프타호텝의 글에도 우아함에 대해 나온다. 자신을 잘 통제하면서 분노를 관리할 수 있는 것이야말로, 자신과의 소통을 잘하고 있는 사람이라고 말한다. 프타호텝은 특히 화가 난 상태에서 다른 사람의 말을 가로막거나 대답하지 않도록 조심하라고 충고한다. 자신의 감정을 잘 관리하고 통제하는 자제심이야말로 사회적 우아함에서 중요하다고 강조한다. 자기감정의 통제가 얼마나 어려운 난제인지는 그것을 위해 한 번쯤 애를 써본 사람은 안다. 참아야지 했는데 욱하고 치미는 화를 진정시키기 어렵다. 이해해야지 했다가도 불쑥 불만이나 억울함을 토로해버리는 경우는 비일비재하다. 이렇게 잘 알고 있음에도 통제 불능 상태에 처하는 게 자기마음이다.

언젠가 드라이빙 드루의 한 햄버거 매장에서 40대 남성이 20대 아르바이트 직원에게 햄버거를 집어던지는 영상이 공개돼 비난을 받은 적이 있다. 흰색 수입자동차의 주인은 인터뷰를 통해 평소 스트레스가 많아 벌어진 일이라고 했다. 햄버거 세트를 주문했는데 햄버거만 나오자 순간적으로 화가 나서 판단력이 흐려졌다는 것이다. 문제는 그 남성의 태도다. 단순하게 보면 자신의 화를 억누르지 못한 것이지만 자신의 스트레스를 타인에게 전이시키는 잘못을 저질렀다. 자기감정이 이미 폭발했기 때문에 문제 상황을 설명하고 정정을 요구할 여유가 없었던 것이다. 그는 우아함이란 전혀 찾아볼 수 없는 인품을 지닌 사람으로 판단할 수 있다. 물론 이 한 사건만으로 그 사람의 인품을 논하는 건 지나칠 수도 있다. 하지만 하나를 보면 열을 안다는 속담이 있듯이 은연중에 발현되는 것이 자기의 성격이다.

결국 평소에 자기감정을 잘 돌보지 않으면 스트레스 상태에서 쉽게 자신을 놓아버릴 수 있다. 그 누구도 이 문제에 대해 자신할 수 없다. 스트레스를 핑계로 잔뜩 찡그린 얼굴을 한 채 주변 사람들을 불편하게 한 적은 없는지 돌아봐야 한다. 수시로 점검하고 자기통제를 확인해야 한다. 자신의 화를 스스로 감당하지 못하면 다른 사람들과 소통이 유연하지 못하고 사회생활에 악영향을 끼칠 수 있다.

스트레스가 만병의 근원인 시대, 우리가 가질 수 있는 우아함이 그 사람의 인격이다. 세상과 편안하게 지내는 기술, 그 우아함이 내 몸과 마음에 깃들도록 스스로 신경 써야 한다.

04

당신도 갑질의 가해자가 될 수 있다

우리 TV드라마에는 유난히 상류층이 많이 등장한다. 대부분 실제 비율 1%도 안 되는 재벌 2세가 주축으로 준수한 외모에 매너까지 갖춘 선망의 대상으로 등장한다. 물론 정반대의 재벌 2세가 그려지기도 한다.

우리나라 기업은 대부분 세습 경영체제다. 그들은 귀족의식과 특권의식을 대물림하고 싶은 생각으로 꽉 차 있으며 선대로부터 물려받은 부를 영위하려 한다. 막대한 부를 상속하는 과정에서 국가에 내는 세금을 줄이고자 편법을 쓰고, 경영권을 장악하고자 주식시장을 교란시키기도 한다. 이것이 문제가 되어 법의 심판을 받는 경우도 종종 있다. 그들은 자기 회사의 근로자들이나, 회사의 제품을 구매해주는 고객들보다 정치권이나 권력가들을 가까이 한다.

진짜 이익을 가져다주는 사람들이 누구인지 객관적인 인식이 부족한 것이다.

또한 잊을 만하면 매스컴에 이슈가 되는 소재가 있다. 어느덧 우리에게 익숙해져 버린 '갑질'이다. 땅콩 회항부터 운전기사에 대한 폭언, 직원들에 대한 폭력 사태까지 갑질을 자행하는 재벌들의 행태가 심심찮게 언론에 오르내린다. 재벌이 아니어도 회사 내 위치나, 사회적 관계에서 우위에 있는 사람이 자기의 영향력을 행사하기 위해 서슴지 않고 갑질을 행하기도 한다. 중고등학교에서조차 '빵셔틀'이라는 이름으로 힘 있는 아이들이 약한 아이들을 괴롭히는 경우도 마찬가지다. 이런 것들을 미루어볼 때 소위 '갑질 문화'라는 것이 우리 사회에 얼마나 만연해 있는지, 또 얼마나 깊게 뿌리박혀 있는지 짐작하게 된다. 그리고 표면상으로는 드러나지 않지만 알게 모르게 자행되는 갑질이 얼마나 많을지도 생각해본다.

개인의 인권이 강하게 대두되고 신분계급이 사라진 21세기에도 '돈'과 '권력'에 의한 횡포가 줄어들고 있지 않다는 사실이 참으로 안타깝다. 물론 신분계급이 사라짐으로써 돈과 권력이 그 자리를 대신하는 것일 수도 있겠다. 정말 탐욕스럽고 치졸하기까지 하다. 죄송하다고 머리를 숙이는 그들이 진정 반성하는 것으로 보이지도 않는다. 부랴부랴 기자회견을 열고 카메라 앞에서 머리를 숙이는 것은 자신이 경영하는 기업이나 관련된 회사의 피해를 수습하려는 차원으로 밖에 보이지 않는다.

살아가면서 내가 권력을 가졌다, 힘이 있다는 인식만큼 자신을 자아도취시키는 것도 없다. 힘으로 타인을 지배할 수 있다는 그 느낌은 굉장한 쾌감으로 작용하기 때문이다. 그래서인지 평범한 우리 같은 일반인도 때론 갑질의 주인공이 되곤 한다. 우리는 종종 마트나 음식점 등에서 서비스에 대한 불만으로 큰 소리를 내며 직원들을 호통 치는 모습을 목격하게 된다. 어디 그뿐인가. 공공기관을 방문할 때라든가 대중교통을 이용할 때도 그들이 베푸는 친절에 감사할 줄 모른다. 오히려 필요 이상의 우대를 받으려는 경우가 많다. 그것도 넓은 의미에서 볼 때는 갑질에 포함될 수 있다.

전화상담원에게 가해지는 언어폭력, 제자들을 향한 교수의 강권이나 폭력 등을 봐도 알 수 있다. 그뿐만이 아니다. 백화점에서는 인격적인 모욕으로도 모자라 기어이 직원의 무릎을 꿇리고, 경비원에 대한 폭행이나 무리한 요구, 택배기사들에 대한 막말 등 평범한 사람들도 갑질의 면모를 드러낸다. 그러나 그들도 자신이 갑질을 하고 있다는 점을 인식하지 못하고 있다는 것이 문제다.

인간은 누구나 상대적으로 자신이 권력을 가진 위치라는 판단이 서면 뇌의 기능이 바뀐다고 한다. 권력에 취할수록 감정 조절 역할을 하는 전두엽 기능이 떨어진다는 것이다. 전두엽 기능이 일시적으로 저하되어서 타인의 감정을 같이 느끼지 못하게 되면 폭력적 성향이 나타나고 강압적인 행동들로 표출된다. 이것을 토대로 생각해보면 권력형 갑질을 하는 사람들이 원래부터 이상한 성격이거나 특별히 더 못된 성품이어서라기보다는, 누구라도 빠질 수 있는 갑질의 유혹을 이기지 못한 것이란 생각이 든다. 특별한 사람이 갑질을 행사하는 것이 아니라 어떤 사람이 자신이 가진 권력과 힘의 주정을 부리는 것이라 할 수 있다.

우리는 갑질에 관한 뉴스를 접하면 그 사람을 손가락질하고 질타를 퍼붓는다. 해당 기업의 불매운동은 기본이고 신상털이로 사진과 소속, 주소까지 올리는 인격적 모독을 자행한다. 하지만 남을 비난만 할 것이 아니라 내로남불이 되고 있지는 않은지 생각해볼 일이다. 언론에 드러나는 다른 이들의 갑질은 비난하면서, 일상에서 자신이 남에게 주는 모욕은 생각지 못하는 경우가 많기 때문이다. 다른 사람의 처지를 배려하고 공감하려는 노력을 하지 않는 순간, 우리는 언제든지 다른 사람에게 무례해질 수 있다. 다른 사람들의 모습을 비난할 때는 날카롭던 잣대가 자신의 경우에는 한없이 무뎌져 스스로 면죄부를 주는 형태로 바뀐다.

어느 음식점에서 "반말로 주문하면 반말로 주문받음!"이라는 문구를 붙였다. 종업원에게 반말이나 욕설을 하고 무례한 행동을 하는 고객이 얼마나 많았으면 이런 안내문까지 등장했을까.

"우리 모두 남의 집 귀한 자식이니 귀하게 여겨 달라."라는 전화응대 멘트를 들으면 전화상담원의 고충이 느껴진다. 보이지 않는다고 저지르는 언행이 얼마나 안하무인이고, 얼마나 유치한 행태인가. 우리가 내는 세금으로 운영되는 기관이라고 해서 그들을 함부로 대할 권리가 주어진 게 아니다. 거꾸로 그들의 도움 없이는 살아갈 수 없는 게 우리다.

지금은 감정노동자 보호법이 시행되고 있어서 고객의 폭언이나 폭행으로부터 어느 정도 보호받을 길이 열렸다. 그러나 법제도 이전에 서로 존중하고 배려하는 마음가짐으로 상대를 대해주어야 한다. 이것은 교양을 떠나 인간의 기본윤리다. 왜 내가 누군가의 우위에 있다는 생각을 하는가? 그 누구도 그런 지위를 부여한 적이 없다. 자신의 착각이고 우월의식에 빠진 망상이다.

누구든지 갑에서 을로, 을에서 갑으로 입장이 변할 수 있다. 이 세상에 영원한 '갑'은 없다. 재벌도 어느 기업에 대해서는 소비자이고 서비스 이용자이다. 이웃의 도움이 있었기에 내가 있을 수 있다는 걸 생각하고 우리 주변의 이웃에 감사하는 것이 함께 사는 기본 매너다. 더불어 사는 즐거움을 느낄 수 있는 사회를 만들기 위해서다.

05

부자와 상류층은 무엇이 다른가

땅콩회항으로 시작된 모 재벌의 횡포가 회의실 물컵 사건으로 비약되더니 급기야 직원에 대한 욕설과 폭언으로 법의 심판을 받았다. 또한 편법을 이용해 사치품을 들여온 것과 탈세 혐의까지 더해져 선대부터 쌓아올린 부와 명예를 한꺼번에 실추시켰다.

우리나라 재벌의 기업 이미지는 어떻게 비치는가. 우리는 그들이 각종 편법과 비리에 연루되어 수사를 받는 모습에 익숙해 있다. 기업 지배구조에서 우위를 점하기 위해 편법을 선택하고, 정치권력의 실세에 빌붙어 불가능을 가능하게 밀어붙이고 실질적으로 그룹을 장악한다. 그러다 결국 돈으로 권력을 좌지우지한 치부가 낱낱이 공개되어 정경유착으로 이룬 '부'라는 이미지를 노출시키고 만다.

가진 자들의 이기심, 돈에 대한 집착은 스스로 멸시를 부르는 일이다. 그래서인지 우리는 재벌하면 돈이 먼저 떠오르지 존경할 만한 인품이 떠오르지 않는다. 대중에게 인정받지 못하는 재벌은 그저 '돈만 많은 사람'일 뿐이다.

부자가 상류층으로 인정받기 위해서는 '신뢰와 덕'을 쌓아야 한다. 하지만 재벌들이나 그에 준하는 권력자들은 우리에게 위엄을 보여주지 못했다. 책임과 소명의식이 따르는 기업가 정신은 나태해졌다. 각종 편법과 비리에 연루되어 수사선상에 오른 모습들이 우리를 실망시킨다. 권력으로 남을 이용하거나 특권을 누리려 한다면 대중적 분노와 비난을 감수해야 할 것이다. 대중의 지지를 받지 못하는 부자는 그 어디에서도 권위가 서지 못한다.

상류층이라면 특권만을 누리는 것에 만족하지 말아야 한다. 이웃의 고통을 외면한 채, 나와 내 가족만 잘살기 위해 이기심을 챙긴다면 더 큰 부는 이룰지 있을지 몰라도 존경은 받을 수 없다. 권력에 아부할 시간에 회사를 위해 일하는 근로자들을 아끼고 귀하게 여겨야 한다. 자기지분을 늘려 지배력을 유지하는 데 애쓰기보다 직원들의 복지와 소비자의 권익을 위해 나서야 한다. 결국 사회가 기업의 지지기반임을 깨닫고 공익을 위해서 앞장서야 한다는 말이다.

자신의 부에 대해 겸허한 성찰을 하는 부자라면, 그 부가 공동체로부터 왔다는 사실을 알고 있을 것이다. 제조업으로 부자가 되었거나, 의사로 돈을 벌었거나, 그 부는 바로 사회 구성원으로부터 나왔음을 부인할 수 없다. 아무리 능력이 출중한 사람의 성공도 그가 속한 환경과 운, 그리고 사람들의 도움이 있었기에 가능한 일이다. 감사할 줄 아는 부자라면, 자신의 성공을 나눌 수 있는 모습 또한 생각할 것이다.

개인의 이익이나 편의에 치우치지 않고 관심을 확대해 자신이 몸담고 있는 사회의 문제에까지 눈을 돌릴 수 있는 사람이 진정한 '상류층'이다. 더 나아가 자신이 가진 것을 베풀어 세상에 긍정적인 영향을 끼치는 사람이라면 참된 존경을 받을 수 있다. 그 가치를 아는 상류층은 돈이 주는 단편적인 쾌락을 구하지 않고 사회를 위한 위대한 가치를 만들려고 한다. 자기가 가진 돈이 최대의 영향력을 발휘될 수 있는 곳을 찾는 것이다.

우리는 모두 부자이고 상류층이자 교양인이기를 바란다. 돈이 많아서 부자가 아니라 가진 돈에 만족하고, 열심히 일해서 손에 쥔 액수에 행복해할 줄 아는 정신적 여유를 가진 부자를 꿈꿔 볼 수도 있다. 절대 돈 앞에서 비굴해지지 않는 당당함과 자존심도 필요하다. 자기 삶에 만족스러움을 느낀다면 자신이 하는 일에서 능률도 오르고 성과가 높아지기 때문에 경제적으로 풍요로워지는 효과까지 불러오게 된다.

진정한 상류는 어디에 있을까, 어떤 모습일까 궁금하다면 당장 전신거울 앞에 서라. 그리고 거울에 비친 자신의 모습을 보며 상상해보자. 가진 것에 만족하고 삶에 감사할 줄 아는 당신이 진정한 교양인이다. 더 나아가 주위를 보살피며 관대함을 가지고 상대를 대하는 당신은 이미 부자다. 여기에 더해 미래의 희망과 꿈을 가지고 열심히 살아서 무한한 가능성을 펼치고 있는 당신은 지금부터 상류층이다. 그에 맞는 품격과 인품을 갖추기 위해 거울에 비친 자신을 향해 웃으며 응원을 보내보자.

06

돈은 삶의 목표가 될 수 없다

중세시대에는 전쟁 시에 귀족들이 선봉에 섰다. 당연히 많은 죽음과 희생이 뒤따랐지만 그들은 그 역할을 기꺼이 수행했다. 십자군 전쟁에 나간 리처드 왕은 동생 존이 왕위를 노리고 있다는 사실을 알고서도 출정을 마다하지 않았다. 전쟁에 나간 귀족들이 큰 승리를 거두면 작위를 수여하며 이를 높이 샀다.

지금도 영국왕실의 왕세자나 왕자는 영국군이 파견된 나라에 지원군으로 자원해서 다녀온다. 왕위 계승 서열 6위인 해리왕자는 아프가니스탄과의 전쟁에 보병으로 파병되기도 했다. 왕자가 죽음을 무릅쓰고 전장에 뛰어드는 이유는, 상류층이라면 나라가 어려울 때 자신이 가진 권력을 이용해 안위를 꾀하는 것이 아니라 가장 먼저 국민의 의무를 행해야 한다는 걸 알기 때문이다. 왕실은 이렇게 국민의 존경을 이끌어내고 지지를 얻는다. 더불어 국민들도 왕실 유지에 많은 비용을 부담하지만 어떠한 불만도 제기하지 않는다. 이로써 왕실은 영국의 상징이자 사회통합을 이루는 핵심이 되고 있다.

우리 역사에서도 비슷한 경우를 찾아볼 수 있는데 신라시대의 화랑제도가 그랬다. 화랑은 수려한 용모에 문장이 능하고 무술까지 뛰어났다. 신라가 삼국통일을 할 수 있었던 건 이런 화랑들의 역할이 컸다. 전쟁 시에 임전무퇴의 정신으로 목숨 걸고 용맹하게 나라를 지키는 데 앞장섰던 그들은 모두 내로라하는 신라 귀족들의 자제였다. 그들의 자발적인 희생에 힘입어 신라군은 결사항전의 각오로 백제군과 싸워 황산벌 전투에서 승리할 수 있었다. 사회적 책임을 실천한 신라 상류층의 모습을 잘 보여준 예이다. 그렇기 때문에 오늘날 소위 금수저들의 병역기피가 부유층에 대한 반감을 불러일으키고 있는 것이다.

미국에서는 부자들이 상속세를 감면해주려는 정부에 맞서 시위를 벌이기도 한다. 빌 게이츠, 워렌 버핏을 포함한 부자들이 자진해서 세금을 더 내겠다며 부자증세를 외치는 것이다. 우리로서는 이해하기 어려운 모습이다.

빌 게이츠는 “운 좋게도 큰 행복을 누리고 살았다. 그래서 사회적 책임감을 무겁게 느낀다.”라고 말했다. 그리고 데이비드 록펠러는 "사회 시스템의 보호 속에서 돈을 번 사람들은 다시 되돌려줄 책무가 있다. 그것이 우리 가문의 신념이다."라고 했다. 매일 옷을 고르는 게 귀찮아 옷장 안에 같은 티셔츠만 걸어놓고 산다는 마크 저커버그도 마찬가지다. 50조라는 거액의 기부를 두고 그는 "이 공동체를 가장 잘 섬기는 것 이외에는 해야 할 결정의 수를 줄이고 싶다."라고 말했다. 즉, 자신을 과시하는 데 신경 쓰며 시간을 할애하는 것보다, 사회의 이익을 위해 더 힘쓰겠다는 말이다. 돈에 대한 확고한 철학은 그들을 멋진 사람으로 평가하게 한다.

그들이 보여준 상류층으로서의 행동은 결코 돈이 가져다줄 수 없는 '평판과 덕망'이었다. 그들은 돈을 사회에 환원하는 것이 결국 자신에게 이익이 된다는 사실을 인지하고 있었다. 사람들의 풍요로움이 자신이 속한 기업제품의 소비로 이어지니 굳이 설명이 필요 없는 이치다. 그들의 존경과 감사가 자신들의 지지기반이라는 걸 그들은 잘 알았다.

소크라테스는 "재산 많은 사람이 그 재산을 아무리 자랑하더라도 돈을 어떻게 사용하는지 알 수 있을 때까지는 그를 칭찬하지 말라."고 했다. 돈을 버는 것만이 중요한 게 아니라 멋진 쓰임새에 대해서도 고민하는 사람이 되라는 말이다.

남을 위해서만 살라는 뜻은 아니다. 어느 개인도 공공의 선만을 추구하면서 살 수는 없다. 독거노인에게 일자리를 주거나 결손

가정에 도시락을 배달해주는 일은 나라에서 챙길 일이다. 취약계층의 자립 또한 정부에서 도울 일이다.

그러나 사회적 손길이 미치기 어려운 부분이 있다. 그곳이 바로 우리의 시선이 머물러야 하는 지점이다. 노블리스 오블리제를 실천하는 개인의 입장으로 다가서도 좋고, 기업의 입장에서 문제에 접근해도 좋다. 어떠한 상황이냐에 따라 다른 차원의 도움이 필요하다. 보여주기식의 선행이 아닌 진심과 책임 있는 접근이 필요하다.

이런저런 사회적 책임이 귀찮고, 조금도 사회와 나눌 마음이 없으면서 스스로 상류층으로 불리기를 바라는 코미디는 하지 말자. 그런 사람들은 그저 대대손손 자신과 가족들 배를 불리고 호사스럽게 사는 일로 위안을 삼아야 할 것이다. 사회적으로 인정받을 수 있는 품격을 스스로 걷어차는 이들에게는, 그 어떤 의미를 들이대도 소귀에 경 읽기이고 돼지 목에 진주목걸이가 될 뿐이다.

상류층이란 단순히 권력이나 재력이 있는 사람을 부르는 말이 아니다. 우리가 속한 사회의 문제를 외면하지 않는 태도를 보여주고 행동으로 옮길 때 부여되는 칭호다. 바로 그런 사람이 진정한 리더가 될 수 있다.

PART
2

품격

보이지 않는
매력

삶에 대해 어떤 가치관을 가졌느냐에 따라 위엄이나 기품이 가랑비에 옷 젖듯 자기 내면에 스민다. 내면에서 숙성되어 나오는 자기 가치가 곧 그의 품위다. 경제적 능력이나 사회적 지위, 학벌이 품위를 높여주지 않는다. 그래서 '부자는 품위 있는 사람'이라는 말에 동의하는 사람이 없다. 돈과 품위는 완전히 다른 문제다.

품위는 "무엇을 추구하며 살아야 하는가?"라는 고민에서 시작된다. 선택은 당신에게 달려 있지만 우리는 품위 있는 사람에게 존경을 보낸다.

01

진정한 부자는 돈을 과시하지 않는다

우리나라 부자들의 대다수는 서울에 산다. 소위 대한민국 0.1%의 VVIP라고 인정받는 회원들의 거주지를 보면 서울이 70%가 훨씬 넘는다. 그중에서도 강남 3구와 성북동, 한남동, 용산 등에 거주한다.

서울의 강남은 상전벽해桑田碧海가 실현된 대표적인 지역이라 할 수 있다. 강북은 조선시대 궁궐이 있고 양반들이 살던 지역인 반면 강남은 논밭이 지천이었다. 그런데 70년대 이후 강남 개발 계획이 발표되면서 80년대까지 아파트를 비롯한 수많은 빌딩들이 우후죽순처럼 들어서기 시작했다. 또한 계속된 정부의 개발 시책까지 거들며 강남의 부동산은 천정부지로 올랐고, 그곳에서 농사를 짓던 땅을 가진 사람들은 생각지도 못한 거액을 보상받으며 갑작스레 돈방석에 앉게 된 경우가 비일비재했다. 이에 편승해서 강남은 부동산 투기 붐과 더불어 막대한 부를 거머쥐게 된 사람들도 많이 생겨났다. 그로 인해 재산을 증식하는 방법의 일순위로 부동산 투자가 떠오르며 부동산 투기로 이어졌다. 현재까지도 가장 안정적이면서 높은 수익률을 낼 수 있는 방법으로 부동산만한 것이 없다는 게 일반적인 인식이다.

부자에 대한 우리의 생각은 어떨까? 부자를 향한 우리의 시선은 보편적으로 이중적이다.

제일 먼저는 부러움이다. 현대 특히 자본주의 사회에서는 사유재산이 많을수록 좋다. 마치 도깨비방망이를 가진 것처럼 돈에 구애받지 않고 자신이 원하는 대로 살 수 있다. 고급스럽게 의식주를 해결할 수 있고, 취미활동으로 삶의 질을 높일 수도 있다. 또한 부족함 없이 풍족한 삶을 누릴 수 있고, 말 한마디로 사람을 부릴 수도 있으며, 사회의 인정까지 받을 수 있다. 그래서 나도 저렇게 살아야겠다는 욕망을 가지고 열심히 살기 때문에 더불어 사회도 발전하게 된다.

부자를 바라보는 또 다른 시선은 폄하다. 유산상속으로 부가 대물림된 경우라면 부모를 잘 만났기 때문이고, 재능이 빛을 본 경우라면 시대를 잘 만났기 때문이다. 한 푼 두 푼 모아 부를 이룬 경우라면 사람들에게 지독히 인색하고 돈에 대해서는 아주 집요한 현대

판 옹고집, 자린고비, 스크루지 영감인 것이다. 이는 권선징악의 교훈이 담긴 전래동화 속 부자들이 하나같이 욕심 많고, 가난한 이들의 재산을 탐하는 인물로 등장하기 때문에 갖게 된 선입견인지도 모른다.

현실에서 만나는 부자들도 별반 별다를 게 없다. 나보다 더 가진 자가 10원도 손해 보지 않으려는 모습이 야속하고, 약자인 자신의 처지가 한심하고 처량해보여서 부자들이 돈에 더 지독해보인다. 우리가 만나는 너그러운 부자는 과연 몇이나 될까? "있는 것들이 더해!"라는 소리가 저절로 나올 정도로 혀를 내두르게 만드는 부자들만 비일비재하다.

이에 대해 부자는 억울하다는 입장이다. 자신은 정당한 요구를 했을 뿐인데 상대방은 불합리하다고 여기니 할 말이 없다고 한다. 누구든지 자기에게 유리한 쪽으로 상황을 끌어가는 것이 기본심리임에도 자기 입장을 설명하면 지독한 욕심쟁이로 내몰린다는 것이다.

이런 이해충돌은 서로의 입장과 견해 차이가 다르니 누가 옳고 그르다고 단정지어 얘기할 수 없는 부분이다. 다만, 부자의 입장에서 자신이 가진 혹은 누리는 '부'의 사회적 영향력을 생각해보라고 전하고 싶다.

어느 날 한 통의 전화를 받았다. 모임에서 지인이 VVIP카드를 사용하는 것을 봤다고 했다. 그러면서 일반 플라스틱 카드와 달리 진주 모패를 씌운 그 카드를 자기도 발급해달라는 것이었다. 자기는 부동산 임대업을 하는 부동산 재벌이고, 자신의 명의로 알짜배기 빌딩이 수십 채라고 자랑했다. 그리고 ○○지역에 가면 자신의 빌딩들을 거치지 않고서는 지나갈 수 없다는 말까지 호기롭게 건넸다. 시장에서 서민들 대상 고리대금업으로 꽤나 자산을 불렸다는 인상을 받았다. 현금을 자기처럼 많이 가진 사람은 없을 것이고, 최신형 벤츠가 여러 대 있고, 몇 억짜리 골프 회원권, 호텔 피트니스 회원권 등 돈 자랑이 끝이 없었다. 그러나 그의 카드 발급은 거절되었다.

며칠 뒤, 그는 VVIP의 자격이 뭐냐고 따지기 시작했다. VVIP카드를 가진 지인보다 돈도 자신이 더 많고, 빌딩도 더 많은 데 왜 건방지게 거절하느냐는 것이다. 그래도 통하지 않자 이번에는 자신의 돈을 관리해주는 은행지점 PB를 통해 전화를 해왔다. 현금 자산현황을 보내주겠다는 거였다. PB는 자신이 관리하고 있는 가장 큰 고객인데 꼭 가입시켜달라는 당부까지 잊지 않았다. 자산 리스트만을 가지고 입회가 안 되는 상황인데, 자신의 부를 가지고 해결하려고 하니 풀릴 수 없는 난제였다.

지금 생각해도 그 사람은 돈은 많지만 진정한 부자는 아닌 사람이었다. 그래서 그는 더욱 VVIP라는 인정을 받기 위해 표식이 필요했던 모양이다.

짧은 시간에도 돈은 왕창 벌 수 있다. 단 한 번의 베팅에 일확천금을 얻을 수도 있고, 돼지꿈이 맞아 로또에 당첨될 수도 있다. 하지만 문제는 돈이 아니다. 돈이면 다 될 것 같은 착각을 하지만 돈으로도 살 수 없는 가치가 더 큰 것도 많다. 부에 걸맞은 책임, 자산에 걸맞은 사회적 공헌이나 약자를 위한 배려 같은 것이다. 그런 것들을 우선시하지 않으면서 존경을 바랄 수는 없다.

자산의 규모로 특권의식에 사로잡히지 말자. 돈이 자신에게 부여하는 힘은 생각보다 단단하지 않을 수 있다. 사람들의 존경과 인정으로 철옹성을 쌓아 올려야 한다. 이는 부를 과시해서 절대로 얻을 수 없는 것이다. 나와 사회의 가치를 실현하는 도구로 돈을 이용할 때 돈의 위력은 더욱 발휘된다.

02

나보다 우리가 먼저다

우리에게도 찾아보면 자랑스러운 부자들이 많다. 자신이 애써 일군 부로 이웃을 돕고 더불어 사는 아름다움을 실천한 사람들로 그들의 명성은 후대까지 빛이 나고 있다.

조선 중기부터 일제강점기에 이르기까지 300년 동안 10대에 걸쳐 만석의 부를 세습한 경주 최부잣집 이야기는 책과 언론을 통해 많이 알려져 있다. “재산을 만 석 이상 늘리지 마라, 흉년에는 재산을 늘리지 마라, 과객을 후하게 대접하라, 사방 백 리 안에 굶어죽는 사람이 없게 하라, 과거를 보되 진사 이상은 하지 마라, 최씨 가문의 며느리들은 시집온 후 3년간 무명옷을 입게 하라.”는 ‘최씨 가문의 6훈’은 300년간 부를 이어온 바탕이 되었다.

이외에도 임진왜란과 정유재란 때 양반 출신의 의병 곽재우, 한 일합방이 되자 온 집안이 의병과 독립운동가로 항일투쟁에 나섰던 왕산 허위 일가, 6형제 모두 만주로 가서 독립운동에 몸 바친 우당 이회영 일가 등은 막대한 재산을 모두 큰 뜻을 위해 내놓았다. 그 중 우당 이회영은 집안의 노비에게까지 존댓말을 썼을 정도로 그의 사상과 정신은 가히 존경할 만했다.

또 한 사람은 우리나라 최초의 근대적 사립 미술관인 간송미술관의 전형필을 들 수 있다. 그는 1906년 서울 종로구에서 태어났는데 부친에게서 물려받은 막대한 재산으로 우리나라 중요문화재가 일본인의 손에 넘어가는 것들을 사들였다. 그리고 전국의 거간꾼과 국내, 일본의 수장가를 찾아다니며 문화재를 구입하고 경매를 통해 문화적 가치가 높은 다수의 문화재를 수집하였다.

현대에 들어서도 사람들의 존경을 받고 있는 진정한 부자들이 있다. 유한양행 창업주 유일한 박사, 오뚜기식품 창업주 함태호 회장, 엘지그룹 구본무 회장 등이다.

유한양행 창업자인 유일한 박사는 기업가의 모범을 보인 대표적인 사례라 할 수 있겠다. 어려운 시기에 미국으로 홀로 유학을 떠나 고학하며 독립운동에 앞장섰으며, 해방 후 귀국해서는 열악한 국민의 건강을 위해 제약회사를 설립했다. 그리고 기업을 통해 얻는 이익은 그 기업을 키워준 사회에 환원해야 한다는 생각을 평생 실천했다. 제약업계 최초로 투명하게 기업을 공개했을 뿐만 아니라, 가족 경영을 배제하고 전문경영인에게 회사를 물려주었다. 그리고 세상을 떠나며 자신의 전 재산을 기부했다.

오뚜기식품 함태호 회장도 멋진 부자의 모습을 보여준다. 국민에게 사랑받은 식품회사로 자리잡은 데는 투명한 경영과 정직함이 녹아 있다. 그는 사재를 털어 장학재단을 만들고, 장애인 재활사업도 활발하게 펼쳤다. 별세 후에는 가지고 있던 주식을 재단에 증여했다.

엘지그룹 창업 3세인 구본무 회장도 마찬가지다. 1995년 회장으로 취임하면서 '정도경영'을 선언했다. 부정한 1등보다는 차라리 2등을 하는 게 낫다는 신념을 가지고 있었다. 직원들을 대할 때도 인화경영을 표방하며 함부로 사람을 해고하지 않았다. 그래서인지 재벌 그룹 중 오너 리스크가 없는 것으로 유명했고, 중앙지검 포토라인에 서지 않은 유일한 재벌총수였다.

내가 손꼽은 그들은 모두 꼼수를 통해 이익을 취하려 하지 않은 정직한 사람들이다. 어려운 사람들을 외면하지 않고 기꺼이 나누는 사람들이다. 그리고 무엇보다 자신의 본업에서 큰 성과를 보여주었다. 이런 분들이 진정한 상류층이라는 데에는 아무도 이견이 없을 것이다.

부자도 인간인 이상 완전함을 기대하기는 어렵다. 기업경영자들은 시장경제가 성숙해지고 고도화되어 가는 시점에서 기업의 상생을 위한 고민도 높아지고 있다. 여기에 더해 높아진 대중의 의식은 단순히 인재를 고용하고, 이윤을 창출하고, 소득을 분배하는 차원을 넘어 사회의 중심 세력으로서의 위상을 기대하고 있다. 소비자로서 기업이나 부자의 사회적 역할을 기대하고 있는 것이다.

이에 따라 기업의 '사회공헌 활동'은 기업의 핵심적인 지속경영 가능요소로 자리잡고 있다. 특히 SNS에 회자되는 사회공헌 활동의 입소문은 순식간에 대중의 뇌리에 깊은 인상과 선호도를 높여주는 적극적 요인이 되고, 착한기업의 이미지를 확보하게 된다. 대중의 신뢰를 획득하는 가장 능동적이면서 현실적인 대처방안인 것이다. 통계적으로도 이런 사회적 기업의 인식은 긍정적 평가를 받고 있으며 소비자의 충성도도 높은 것으로 조사됐다.

기업이나 부자의 입장에서 공동체와 공감할 줄 아는 성숙한 모습을 보인다면 대중의 지지와 응원을 받을 수 있을 것이다. 나보다는 우리를 생각하는 마인드가 자신을 성장시킨다. 그러기 위해 훌륭한 부자들을 존중해주는 사회 분위기 형성도 매우 중요하다.

03

원하는 것이 있다면 스스로 나서야 한다

삼성경제연구소 최고경영자로 구성된 회원 225명을 대상으로 이벤트를 기획한 적이 있다. '내 생애 최고의 소원'이라고 이름을 붙인 이 이벤트는 대한민국에서 성공했다는 최고경영자들에게 "가장 이루고 싶은 소원이 무엇인가?"를 묻고 선정된 사람의 소원을 이루어주는 서비스였다.

소원의 1등을 차지한 답은 바로 '가족과 함께'였다. 응모한 CEO 225명 가운데 무려 40%가 가족과 더 많은 시간을 보내고 싶다고 답했다. 거창하게 소원이라 말하기엔 너무 평범했다. 구체적인 소원은 은혼식에 대한 이벤트 기획, 가족 여행에 관한 프로그램이었다.

2위는 아직 남아 있는 모험에 관한 것으로 19%가 답한 소원이었다. 어릴 적부터 꼭 해보고 싶었던 전투기 탑승, 히말라야 등반, 남극탐험 도전 등을 꿈꾸고 있었다. 그들은 엄청난 업무량과 현실에서의 스트레스 때문에 젊은 날의 뜨거운 열정이 많이 사라졌음을 아쉬워했다. 열정을 다시 불러올 기회를 갖고 싶다고 입을 모았다.

3위는 주변의 소외된 이들을 돕고 싶다는 내용이었다. 주변의 어려운 이웃을 먼저 생각하는 CEO들이었다. 무려 16%가 장애아동 연주단의 해외공연 지원이나 아프리카 현지 봉사활동 등을 최고의 소원으로 뽑았다. 더 이상 나만을 위한 이기적인 성공이 아닌 우리 사회를 둘러볼 줄 아는 멋진 부유층이 많이 생겼다는 의미이기도 하다.

그 다음으로는 바쁜 일정 때문에 늘 마음으로만 품고 있었던 배움의 기회를 갖고 싶다는 대답도 6%나 됐다. 색소폰 연주처럼 학창시절부터 연주하고 싶었던 악기를 배우고 싶다는 것이다. 부자들이라도 개인적인 욕구나 열망은 크게 다르지 않았다. 돈이 모든 것을 해결해줄 것 같지만, 내면의 충만한 행복까지 채워줄 수 없다는 것은 모두가 다 아는 이치다.

이 이벤트에 당첨되어 실제로 소원을 이룬 회원의 사례를 소개해본다.

첫 번째는 어느 외국계 기업의 최고경영자인 L 대표다. L 대표는 르네상스 발원지인 이탈리아의 도시들을 방문하고 싶어 했다.

그는 르네상스 문화에 대한 다큐멘터리를 제작하는 것이 오랜 꿈이었다고 한다. 최고경영자로서 20년 가까이 회사를 경영하면서 그 꿈은 더 간절해졌다는 것이다. 기업 경영도 르네상스시대처럼 경영과 예술, 인문학이 어우러질 때 혁신할 수 있다고 믿고 있었다. 그의 경영철학에 이탈리아 르네상스의 사상이 숨어 있었다.

마침내 그는 오랜 꿈을 이루기 위해 이탈리아로 떠났다. 살면서 머릿속을 떠나지 않았던 피렌체, 로마, 베니스의 유적과 미술관을 돌아보며 감격스러워했다. 그는 여행 과정을 직접 캠코더로 촬영했다. 다큐멘터리로 만들기 위해 눈앞의 현장을 꼼꼼하게 담았다. 그의 오랜 지인이자 동호회 회원인 인문학 교수들이 동행하면서 더욱 알찬 시간을 만들었다. 그는 이 경험을 바탕으로 새로운 경영에 대한 영감을 얻었다면서, 21세기 한국 경제의 르네상스를 위한 청사진도 제시했다.

두 번째는 국내 유명 의류회사의 CEO인 S 대표다. S 대표는 결혼 25주년 은혼식을 맞아 아내에게 기억에 남을 만한 최고의 선물을 고민하고 있었다. 수줍은 미소로 평생을 약속했던 아내와의 추억이 어제처럼 생생한데 벌써 25년이나 지났다고 한다. 은혼식을 하루 앞두고 부부는 베를린행 비행기에 올랐다. 그가 마련한 선물은 아내가 좋아하는 '사이먼 래틀'이 지휘하는 베를린 필하모닉 오케스트라 공연 티켓이었다. 공연을 본 뒤 아내와 함께 사이먼 래틀을 직접 만나는 놀라운 경험까지 준비했다.

방금 지휘를 마치고 나온 사이먼 래틀은 천재적인 세계 최고의 지휘자라기보다는 음악에 대한 열정이 가득한 청년과도 같은 모습이었다. 그의 아내는 생각지도 않았던 사이먼 래틀과의 만남은 물론이고, 그가 사인해준 CD를 받고 함께 기념사진 촬영도 했다. 그 이벤트는 오케스트라의 감동과 더해져 특별한 은혼식으로 기억되기에 충분했다.

세 번째는 국내 통신회사의 한 임원이었다. 그 임원의 꿈은 듣기만 해도 정말 가슴이 설렜다. 어릴 적부터 전투기를 타고 마하(1224km/h)의 속도로 창공을 누비는 파일럿이 꿈이라고 했다. 나이를 먹고 중년이 되어서도 그 꿈을 한 번도 잊은 적이 없다는 것이다. 우리나라에서는 민간인의 전투기 탑승이 불가능했으므로 전 세계의 상황을 모두 살펴봤다. 그의 꿈은 세계에서 가장 먼저 해가 뜬다는 호주에서 현실이 되었다.

새해 첫날 새벽, 세스녹 에어베이스에서 만난 L-39 알바트로스는 그가 탑승할 전투기였다. 영화 〈007 네버 다이〉에서 보았던 그 모습 그대로였다. 그는 장장 45분간 날렵한 알바트로스와 한몸이 되어 호주 헌터 밸리 상공을 비행할 수 있었다. 일반 군용 전투기와는 달리 가볍고 날렵한 비행감, 푸른 하늘 창공 끝에서 느끼는 속도감, 그리고 롤러코스터보다 100배는 더한 짜릿한 쾌감까지 말로 다 전할 수 없는 전율을 느꼈다고 한다. 그리고 전투기 저편으로 펼쳐진 드넓은 호주 대륙을 감상하던 중 마침내 모습을 드러낸 새해의 붉은 태양을 마주 했을 때의 감동은 죽을 때까지 잊지 못할 거라고 했다.

그들이 이처럼 넘치는 기쁨을 누린 것은 운이 좋게 고가의 이벤트에 당첨됐기 때문만은 아니다. 평소 바라고 꿈꾸던 것이 있었기 때문이다. 그동안 최고가 되기 위해, 성공하기 위해 바쁘게 달려왔지만 그들의 가슴은 여전히 뜨거웠다. 이제는 질주를 멈추고 가족과 자신 그리고 주위를 돌아보기 시작한 것이다. 실제로 행복한 부유층은 성공이나 돈으로는 삶이 완전하지 않다는 걸 잘 알고 있다. 생각보다 훨씬 많은 사람이 가족과 삶의 밸런스에 치중하고자 노력한다. 더 이상 나만을 위한 성공이 아닌 이웃을 배려하고자 하는 고민 역시 그들의 큰 관심사다.

여러분의 소원은 무엇인가? 왜 그것을 하지 못하고 있는가? 그리고 언제까지 미룰 것인가? 내일이나 내년이면 가능할 것이라고 믿는가? 절대 그럴 수 없다. 이제라도 돈의 문제가 아니라는 것을 이해했다면 당신이 스스로 나서야 한다. 간절한 소망을 품고 사는 것이 더 열심히 살 수 있는 동력을 제공한다. 지금이라도 자신의 삶의 즐거움을 위해 잊고 있었던 멋진 꿈을 꾸어보자.

04

지식이나 문화적 소양을 쌓는 일에 돈을 써라

미국의 경제학자 베블렌 교수는 100년 전에 과시적 소비라는 개념을 들고 나왔다. 그의 이름을 따서 '베블렌 효과Veblen effect'라고 불리는데 그의 저서《유한계급론》에 언급되어 있다. 가격을 높이면 제품이 고급이거나 특별한 것으로 인식해 수요가 증가한다는 것이다. 즉, 값비싼 물건을 사는 것은 곧 더 높은 사회적 지위와 계급의 기준이 되고, 비싼 물건들을 소유함으로써 자신이 가진 지위를 보여준다는 것이다.

그러나 요즘엔 엄청난 부자가 아니어도 소위 '명품' 브랜드 제품 하나씩은 소유하고 있다. 일반 제품보다 비싸지만 나도 한 번 가져보겠다는 심리, 좋은 것 쓰는 특권을 누려보고 싶은 생각이 일반 소비자의 지갑을 열게 한다. 그래서 이제 명품의 개념이 돈 많은 사람의 과시용 소비품목이 아니라, 사치품을 좋아하는 사람들이라면 누구나 구매할 수 있는 대중적인 소비재가 되었다.

더구나 대량생산 시스템을 갖추게 된 명품산업들과 보다 저렴한 제품들의 등장은 이런 흐름을 더욱 부추겼다. 이제는 명품을 통한 부의 과시가 자신의 지위를 증명하는 데 별 도움이 되지 않는다. 상류층들도 대중화된 명품을 선호하지 않고, 자신들만이 알 수 있는 희귀 브랜드, 한정생산 같은 제품이나 디자이너 개인 브랜드를 좋아한다. 자신들의 신분을 보여주기 위해 보다 더 은밀한 방법을 선택하는 것이다.

VVIP카드는 우리나라 0.1%에 드는 부자들에게만 발급된다. 실제로 현재 연회비 200만 원 이상의 VVIP카드 회원은 모든 카드사를 다 합쳐도 6천 명을 넘지 않는다. 그 안에는 상속형 부자, 자수성가형 부자, 전문가형 부자 등이 있다.

일반적으로 우리가 부자라고 했을 때 떠올리는 보수적이고 권위적인 이미지는 자수성가형 부자나 상속형 부자에 가깝다. 반면 비교적 젊은 나이에 주식이나 벤처사업의 성공으로 부를 이룬 회원들은 전문가형 부자들이다. 바이오나 IT 산업의 신흥주식 부자들이 크게 늘어나고 있는 것도 전 세계적인 흐름이다. 이들은 경제나 사회를 접하는 사고의 체계가 상속형이나 자수성가형 부자들과 유형이 많이 다르다.

우선 그들은 고학력자들이 많다. 엘리트층인 이들은 때때로 명품을 소비하기도 하지만, 지식이나 문화적 소양을 쌓는 것에 훨씬 많은 돈을 쓴다. 일반인과 비교했을 때도 겉모습만으로는 누가 더 돈이 많은 사람인지 파악하기 어려울 정도로 사치품에 의미를 두지 않는 사람도 많다. 오히려 명품 대신 평범한 브랜드를 선호한다. 브랜드 이미지에 현혹되기보다는 자신의 기준을 최우선으로 여기는 실속형 부자들이다.

다만 자녀교육이나 자신을 위한 투자에는 망설임 없이 돈을 지출한다. 예를 들면 자녀교육이나 유학비용, 자신의 건강관리에 대한 지출에는 아낌이 없다. 유명 노화방지 프로그램에 가입하는 연간회원권은 명품가방 가격과는 비교도 안 되게 비싸지만 괘념치 않는다. 먹거리도 최고의 품질을 찾는다. 믿을 만한 농장에서 무항생제로 키운 소고기나 돼지고기를 식탁에 올린다. 아이들 간식으로는 유기농 곡물로 만든 크래커와 신선한 유기농 과일을 챙겨준다. 유기농 협동조합의 시장바구니를 꼭 챙겨서 장을 보며 환경문제에도 민감하고 인류의 보편적 가치에 깨인 의식을 보여준다.

또 이들은 소비에 있어서도 굉장히 합리적이다. 여느 가정에서처럼 살뜰하게 쿠폰을 챙기고, 할인코너를 이용하며, 불필요한 것에는 결코 돈을 쓰지 않는다. 부유층이라고 해서 쇼핑 시 명품관이나 백화점만 이용하는 것은 아니다. 해외 할인 아울렛 매장을 뒤져 국내가격의 반값에 물건을 사는 걸 큰 기쁨으로 여기기도 한다. 실제로 컨시어지 서비스concierge service를 통해 해외여행의 정보를 요청할 때 빠지지 않는 것이 각 지역의 아울렛 매장이나 전통시장에 대한 정보다. 자녀들에게도 옷이나 신발 같은 소모품에 치중하기보다 정신적 가치를 심어주는 데 열심이고 좋은 친구를 사귈 수 있는 환경이나 교육적인 가치에 더 의미를 둔다.

이제는 무조건 명품을 사야 자기가 가진 부를 나타낼 수 있다는 과시적 소비시대는 지나갔다. 무분별한 명품소비보다 자신에게 합리적이고 실용적인 소비를 추구하는 시대다. 자신을 소중하게 여기며 관리하고, 지식이나 교양 등 자기의 부족한 부분을 채우고 싶은 욕구를 충족시키는 것에 치중한다. 이 또한 다른 형태의 과시적 소비라고 할 수 있다.

화려한 명품 브랜드에 기대어 자신을 드러내려고 하지 말자. H사의 천만 원짜리 가방을 들었다고 해서 자신의 품격이 덩달아 높아지는 것이 아니다. 몇 마디 말을 해보면 자신이 가진 인격과 소양이 드러난다. 그래서 상위 0.1%의 부자들은 가방이나 신발, 옷 등을 사는 데는 생각보다 적은 시간을 소비한다. 오히려 미술관을 가거나 음악회를 다니며 견문을 넓히는 일에 시간을 투자하는 것이다. 자신의 몸에 걸친 명품으로 돋보이려는 것이 아니라 바로 자신이 명품이 되기 위해 노력한다. 그들이 여러 부류와 계층의 사람들을 만나면서 사람에게 정말 중요한 것이 무엇인지 깨달았기 때문이다.

개인적으로 변화하는 새로운 부유층에게 거는 기대가 크다. 그들의 문화와 예술에 대한 관심과 애정은 그 분야의 투자로 이어질 것이다. 막강한 자산을 바탕으로 문화의 기틀을 다진 르네상스가 우리나라에서 재현될 수 있다는 희망이 싹튼다. 문화적인 소양이나 문화를 향유하는 능력이야말로 진정으로 그들의 아이덴티티를 보여줄 수 있다. 부의 대물림이 '돈'에만 국한되지 않고 '정신과 가치'까지 대물림되었으면 한다.

05

성공의 시작은 '자신을 아는 것'에서 출발한다

우리는 그동안 '지능지수'를 중요하게 생각해왔다. 보이지 않는 미래의 성공이 담겨 있는 비밀 단서쯤 되는 것으로 착각하고 있다. 그래서 빅데이터를 이용한 통계에 불과한 데도 수치가 낮게 나오면 부끄러워했다.

하워드 가드너 교수는 100여 년간 인간지능의 유일한 척도였던 아이큐의 한계를 극복하고 개인의 지적능력을 설명하고자 했다. 즉 수리적·언어적 능력의 평가에 치우쳐 있었던 인간지능에 대해 다양한 측정을 시도한 것이다. 우리는 단순한 지표로 줄 세울 수 있는 존재가 아니라 각자 고유한 지능 프로파일을 갖고 있다고 한다.

이를 토대로 학자들도 인간의 지적능력을 다양한 관점에서 바라보기 시작했다. IQ 및 EQ의 개념을 아우르고 단점을 극복하는 지능 이론이 성립되었는데 그것이 바로 다중지능이론이다. 다중지능이론에서 제시하는 8가지 지능은 '언어지능, 논리수학지능, 신체운동지능, 공간지능, 음악지능, 자연탐구지능, 인간친화지능, 자기이해지능'을 말한다.

"다양한 분야에서 성공한 사람들은 어떤 지능이 높아서 성공했을까?"라는 주제를 가지고 그들의 다중지능을 분석한 방송을 본 적이 있다. 예상했던 것처럼 그들은 성공한 분야와 관련된 지식이 매우 높은 걸로 나타났다. 자신이 무엇을 원하는지, 목표에 도달하기 위해서는 어떻게 해야 하는지 잘 파악하고, 끊임없이 자신을 채찍질할 줄 아는 '자기이해지능'이 뛰어났다.

이는 운동선수, 과학자, 예술가, 음악가 등의 사례에서도 마찬가지였다. 이들은 자신의 전문분야에 해당하는 공간지각, 수리능력, 음악지능이 높은 것은 쉽게 유추가 가능했다. 하지만 공통적으로 자기이해지능이 뒷받침될 때 자신이 원하고 매진하는 일에서 놀라운 성과를 낼 수 있었다.

발레리나 강수진은 "수많은 관객이 바라보는 무대 위에서 자신감을 갖고 공연을 하기 위해서는 감정을 조절하는 자신만의 방법이 있어야 가능하다."라고 말했다. 자신의 장점을 개발하고 단점을 끊임없이 극복하는 과정이 필요하다는 것이다. 공연을 하기 위한 최상의 감정 상태를 유지하는 컨트롤 역시 자기 자신을 이해하는 능력에 포함된다. 자신의 감정이 어떤 상태인지 꾸준히 내면을 점검해야 자신이 원하는 분야에서 성공을 거둘 수 있다.

자기감정을 잘 조절하기 위해서는 '자신의 감정을 두려워하지 않는 것'이 먼저다. 하지만 어릴 적부터 감정표현을 통제받으면 자신감을 잃게 된다. 슬플 때 슬퍼하고 좋은 일이 있을 때는 기뻐해야 자연스럽게 감정을 표현할 수 있고 조절하는 능력을 키울 수 있다.

자기이해지능이 뛰어난 사람은 자신이 원하는 일을 할 때 도전 이유와 의도가 분명해서 더 적극적으로 파고든다. 도전과 실패, 성공과 좌절을 경험하며 자신에게 맞는 방법을 잘 파악해내기 때문이다. 같은 일을 하더라도 남들보다 더 좋은 성과를 낼 수 있다. 때때로 난관에 부딪히거나 실패를 해도 크게 실망하거나 힘들어하기보다 자신감을 갖고 다시 도전한다. 자기의 장점을 잘 알고 있는 만큼, 단점 역시 잘 파악하고 있기 때문에 스스로 발전하고 성장하는 방법을 찾는 것이다.

고대 그리스 델포이 아폴론 신전의 기둥에 새겨진 "너 자신을 알라."라는 불멸의 명제는 2천5백 년이 지난 지금에도 가장 중요한 걸 담고 있다. 자기를 성찰하는 능력은 자신의 노력과 훈련으로 키울 수 있다. 짧게라도 하루 일과를 돌아보는 습관을 만들고 자기의 감정과 생각을 꼼꼼하게 체크하는 것을 시작해보자. 성장을 위해 필수적으로 선행되어야 하는 과정이다.

06

돈의 주인이 되는 공부를 하라

전한시대의 역사학자이자 《사기》의 저자인 사마천은 돈에 대한 욕망이 인간의 본성임을 간파하고 오히려 '인仁과 예義보다 먹고사는 것이 우선'이라는 당시로서는 파격적인 생각을 했다. 《사기》에 나오는 내용 중 〈화식열전〉은 춘추시대 말부터 한나라 초까지 장사로 돈을 모은 인물들을 통해 부와 돈의 중요성을 전하고 있다. 부자가 되려면 세상의 이치를 먼저 알아야 한다는 것이다. 그렇지 못하면 항상 궁핍을 면치 못한다고 했다.

이를 증명이나 하듯 로또 당첨자들이 거금을 가지고도 행복하게 살지 못하고 오히려 빈민으로 전락했다는 뉴스가 전해진다. 간혹 TV에 나온 스타들이 거액의 사기를 당해 죽으려고 했다는 이야기도 나온다. 이는 외국의 경우에도 마찬가지다.

크리스마스만 되면 귀엽고 깜찍한 연기로 안방을 찾아왔던 영화 〈나홀로 집에〉의 아역 스타 맥컬리 컬킨은 15세에 이미 수백 억대 부자가 되었다. 그런데 성인이 된 그의 모습은 귀엽고 천진난만했던 얼굴은 찾아볼 수 없고, 마약 등으로 찌든 모습이 되어 있었다. 가난했던 집안에 갑자기 큰돈이 생기면서 그의 부모의 욕심으로 빚어진 추락이었다. 우리 주변에는 이처럼 졸지에 성공을 거두고 돈방석에 앉은 사람들이 오히려 경제적으로 궁핍한 삶을 살고 있다는 소식들이 심심치 않게 들려온다.

로또 당첨까지는 운이 작용할 수 있으나, 그 부를 유지하는 데에는 공부가 필요하다. 큰 행운으로 부자가 된 경우라도 돈의 이치, 세상의 이치를 모른다면 다시 가난해질 수밖에 없다. 이 때문에 부자들은 자녀에게 경제관념을 일찍부터 심어주고 용돈을 스스로 관리하는 능력을 키워주려는 이유이기도 하다.

언뜻 모순된 제목으로 보이는 《부처님의 부자수업》은 미국 텍사스대학교 경영대학원 윤성식 교수가 쓴 책이다. 그동안 무소유에 가려졌던 불교의 경제관을 세상에 제대로 알리고 싶어 출간했다고 한다.

어쩌면 우리는 부처님을 단단히 오해하고 있었는지도 모른다. 불교에서는 청렴함만을 강조했을 것이라고 생각하기 쉽지만, 오히려 부처님은 곤궁한 삶에서 오는 고통이 얼마나 큰지 잘 알고 있었다. 그래서 근면하게 부를 축적하는 것이야말로 삶을 행복하게 만드는 비결이라고 설파했다. 열심히 꿀벌처럼 일하고 돈을 많이 벌어 가난의 고통에서 벗어나라는 뜻이다.

궁 안에서 살던 부처님은 궁 밖 사람들의 헐벗고 가난한 삶에 자극을 받아 수행을 하며 도를 깨달아 성인이 되었다. 따라서 곤궁한 백성들에게 가난을 벗어나기 위해 노력하라는 주장이 무소유의 가르침보다 훨씬 설득력 있게 다가갈 것이라는 것을 알았다.

평생 돈의 속박에 시달렸다고 알려진 대문호 도스토예프스키도 '화폐는 주조된 자유'라는 말을 남겼다. 돈만이 육체적 심리적 자유를 제공한다는 것이다.

우리의 현실에 돋보기를 들이대면 고통의 상당 부분은 경제적인 이유 때문이다. 경제적인 문제 때문에 일어나는 사건이 갈수록 늘어나고 문제의 심각성도 나날이 높아가고 있다. 생활고로 극단적인 선택을 했다는 뉴스를 접할 때면, 가난이 죄악의 근원이 될 수 있음을 간과하지 말라는 경고장이란 생각으로 마음이 아프다.

자본주의 사회를 살아가는 많은 사람은 돈에 종속되어 자유롭지 못하다. 또한 돈으로 인해 감당하기 힘든 고통에 허덕이고 있다. 그래서 누구보다 자신이 먼저 부자가 되어야 한다고 다짐한다. 돈을 벌기 위해 쉬지 않고 개미처럼 열심히 일만 한다. 한편에서는 일확천금을 노리고 도박이나 주식에 빠지기도 한다. 심지어 일당을 받으며 일하는 어느 근로자의 유일한 취미가 로또를 사는 거라고 말하는 이도 있다. 보다 심각한 것은 경마장에서 하루를 보내는 사람, 강원랜드에서 수억을 잃고도 그곳을 떠나지 못하는 사람도 많다는 것이다.

돈이라는 게 참으로 요상해서 욕심을 부린다고 자기 양껏 얻어지는 것이 아니다. 지식은 열심히 공부하면 되고, 건강을 욕심낸다면 운동과 식이요법으로 관리가 가능하다. 그러나 돈과 관련된 것만큼은 욕심을 부린다고 해서 원하는 만큼 가질 수 없다. 요행으로 큰돈을 손에 쥐었지만 사기를 당하는 경우도 있고, 사고가 나서 한 순간에 모든 것을 잃는 경우도 봤다.

돈에 맞춰진 우리 인생의 활시위를 풀어야 한다. 그리고 자기 삶의 목표를 향해 정조준해야 한다. 그렇게 할 때 돈도 따라 온다.

내가 만난 VVIP들은 돈을 버는 방법보다 '돈의 속성을 잘 아는 사람'들이었다. 돈에 집착하지 않고 세상의 이치를 배우며 돈의 흐름을 공부했다. 돈을 벌겠다는 일념으로 일을 하는 것이 아니라, 자기 일을 즐기면서 자기 분야에서 성공을 꾀했다. 어느 누구도 돈을 벌기 위해 일한다는 말을 하지 않는다. 자기 일을 즐겼으며 어떤 일이든지 적극적이고 열정적으로 임한다. 돈을 좇아 뛰지 않았음에도 그들이 0.1%의 부자가 된 것은 '돈의 성질'과 '흐름'을 알고 있었다고 해석할 수 있다. 그들은 오늘도 자신이 할 수 있는 일에 최선을 다하고 있다.

PART 3

인간관계

커뮤니케이션의 비밀

혼자서는 세상을 살아갈 수 없다. 사회 속 인간관계는 협력, 사랑, 지지, 상생, 공생 등과 같은 수평적 관계와 경쟁, 상하, 종속, 주종 같은 수직적 관계로 얽혀 있다. 서로 영향을 주고받으며 성장을 꾀하는 것이다. 이때 소통이 잘 되면 조화로운 관계가 되지만 단절과 불통은 갈등과 대립을 유발한다. 커뮤니케이션 능력이 절실한 때다. 그만큼 다양한 시도와 접근이 필요하다. 이해와 배려를 바탕으로 상대에게 다가가야 한다.

01

커뮤니케이션 능력 없이 좋은 리더를 꿈꾸지 마라

새로 취임한 홍 사장은 취임하자마자 전 직원들과 '직접 소통'을 선언했다. 어떤 고충이라도 직접 대화로 풀어 갈 테니 새로 개설한 단체방 사이트를 많이 방문해달라는 메일도 전 직원에게 보냈다. 그렇지만 수직적인 기업의 분위기상 어느 누구도 쉽게 입을 열지 못했다.

모두 분위기를 파악하느라 조심스럽게 관망만 하고 있다가 며칠이 지나자 차츰 이런저런 고충들이 올라오기 시작했다. 그런데 사실 직원들이 궁금해했던 건 고충 게재 글에 대한 사장님의 반응이었다.

처음에는 "여러분이 있기에 회사가 있습니다. 여러분의 힘든 점을 숨기지 말고 말해주세요."라는 홍 사장의 글에 '아, 진짜 우리와 소통을 하려 하나 보다.'라고 느낀 직원들은 열심히 어려움을 토로했다. 내용은 점차 구체적이 되었다. 현업의 고통, 해결되지 못하고 반복되는 고질적인 병폐들을 고쳐달라는 읍소가 이어졌다. 모두들 '뜨악' 하는 내용도 있었지만 다들 은근히 속시원해하며 답글을 기다렸다.

하지만 홍 사장의 우호적인 댓글은 거기까지였다. 직원들의 불만, 고충의 양과 내용에 홍 사장은 그만 한계를 드러내고 말았다. "내가 그렇게 한가한 사람이 아니다, 일개 직원을 만나러 일부러 지방까지 가야 하느냐, 회사 탓만 하지 말고 자신들의 태도를 점검해봐라."라는 내용으로 직원들을 훈계하고 있었다. 물론 홍 사장의 입장에서는 충분히 그렇게 생각할 수 있는 문제였다. 서로 다른 위치에 있으면 보이는 풍경도 다른 법이다.

그런데 놀란 건 내용만이 아니었다. 형편없는 홍 사장의 댓글 작문 실력과 빈약한 논리력이었다. 직원들은 사장과의 소통 사이트를 만든 진정성을 의심하기에 이르렀다.

"아무래도 사장님은 글쓰기 수업을 받아야 할 거 같아요."

"그러게요, 누가 볼까 봐 정말 창피할 정도죠?"

이런 직원들의 수군거림과 함께 회사 분위기는 더 냉랭해지고 말았다. 그 후로 아무도 고충을 말하지 않았고 그렇게 불신만 키워만 갔다는 후문이다.

퓰리쳐상을 수상한 칼럼니스트 윌리엄 래스베리는 "생각을 말과 글로 올바르게 표현하는 능력은 대학 졸업장보다 훨씬 많은 기회를 열어준다."라고 말했다. 커뮤니케이션 능력은 우리의 퍼스널 브랜드를 구성하는 중요한 요소라는 의미다. 우리가 선택하는 언어와 문장에는 우리의 사고방식 체계가 고스란히 드러나기 때문이다.

20년의 직장생활 동안 나는 수많은 사람들을 만났다. 광고회사, 외국계 호텔 마케팅회사, 대기업 마케팅 부서 등을 거치며 다양한 상황에서 다양한 이들과 경험을 나누고, 정보를 교환하며 인간관계를 형성했다. 그 과정에서 커뮤니케이션 기술이야말로 인간이 가진 가장 주요한 능력이라는 사실을 깨달았다. 더불어 커뮤니케이션에 대한 나름의 철학과 방식이 정립되고, 효과적인 소통의 방법과 관계개선의 효율적 기능을 알게 되었다.

뛰어난 프레젠테이션 능력을 통해 차별화하고 싶은 기업리더, 환자에게 좀 더 다가가고 싶은 병원장, 투자자들을 설득하고 싶은 기업 대표 등 우리는 모두 말을 잘하고 싶어 한다. 말과 글의 힘은 높은 지위에 올라갈수록 훨씬 커지기 때문이다.

언어에 대한 관심은 세상에 대한 호기심과 연결되어 있다. 자신이 선택하는 언어와 문장에 자신의 사고 체계가 드러난다. 예를 들어 회사일과 골프 이야기 외에는 할 말이 없다거나, 남편과 아이 일밖에는 관심 없는 사람이라면 상대방과의 대화에서 결코 말을 잘 할 수는 없을 것이다. 무엇보다 자신의 생각을 평소에 정리하고 파악하는 과정이 없으면 결코 앞에 나가서 깔끔한 스피치를 할 수 없다. 그런 의미에서 100% 즉흥 스피치는 없는 셈이다.

요즘은 SNS에서 단문과 축약형의 문자만을 보내다 보니 자신의 의견을 완벽한 문장으로 표현하는 것을 어려워하는 사람들이 늘고 있다. 그럴수록 문장을 완전하게 구사하는 연습을 해야 한다. 말의 핵심을 앞에 말하고 뒤에서 보충하는 방식의 말하기를 연습해보자. 설령 요점을 뒷받침하다가 곁가지로 새더라도 핵심사항을 먼저 전달했으니 상대는 당신의 의도를 분명하게 알아챌 수 있게 된다.

어휘력은 그 사람의 지적인 수준과 바로 연결된다. 말 몇 마디에 자신이 적나라하게 드러나게 되는 것이다. 어느 상황에서든지 당황하지 않고 말을 하기 위해서는 독서를 통해 어휘수를 넓혀나가고 다양하게 구사할 줄 알아야 한다. 어휘력을 늘리기 위한 비법은 특별히 따로 없다. 책이나 신문에 나온 단어를 이용해 말하기 연습을 하거나, 쓰기 연습을 꾸준히 하는 게 가장 좋은 방법이다.

그리고 평소에 의식하지 못하던 자음과 모음도 정확하게 발음하는 훈련과, 문장을 흐리지 않고 끝까지 긴 호흡으로 발음할 수 있도록 훈련해보자. 문제점을 제대로 의식하고 개선하려는 노력을 하면 제대로 바꿀 수 있다. 또 체계적인 연습을 통해 의식하지 못했던 습관들이 교정되면 말하기에 자신감이 붙게 된다. 자신의 말에 자신이 있는 사람은 말하듯이 글을 써보자. 누구나 공감할 수 있는 만족스러운 글이 나올 것이다.

정확한 발음과 발성으로 말을 하더라도 문장을 구사할 때는 리듬이 있어야 한다. 지루하고 평범하게 같은 톤을 유지하며 말을 하거나, 자기 말만 계속 늘어놓으면 상대의 관심은 저 멀리 달아나버린다.

또 내용에만 신경 쓰느라 말이나 언어로 전달되지 않는 중요한 걸 놓쳐서는 안 된다. 같은 말을 하더라도 어떠한 표정과 자세, 어떤 분위기에서 말하느냐에 따라 전혀 다르게 받아들여질 수 있다. 자신은 올바른 말을 했을 뿐이라며 이를 오해한 상대방을 원망하고 있지는 않은지, 평소에 주변 사람들을 통해 자신의 말하기 스타일이나 표정 등도 체크해보자. 꼭 기억해야 하는 건 우리는 결코 말의 내용으로만 상황을 판단하지 않는다는 점이다.

리더가 되기 위한 제1의 조건은 효과적인 커뮤니케이션이라는 데에 사람들의 이견이 없다. 결국 말로 자신을 표현하고 상대를 설득하는 게 중요하다. 흔히 "나는 말재주가 없어."라고 푸념하는 말을 듣곤 하는데 말하기는 재주가 아니다. 인정하고 싶지 않을지 모르지만, 우리는 말을 잘 못 하는 것이 아니라 말의 재료인 '자기의 생각을 정리하지 못하는 것'이다. 말재주가 없다는 이유로 남들 앞에 서기를 꺼린다면 당신에게는 성공의 기회가 영원히 돌아오지 않을지도 모른다.

02

매력과 맹독을 가진 SNS에서 살아남기

소셜 네트워크에 대한 자료를 찾을 일이 있어 도서관에 간 적이 있다. 책꽂이를 쭉 지나가다가 낯익은 'H 대표'라는 이름 앞에서 멈춰 서게 되었다. 그녀는 기업 이미지 작업과 브랜드 관리를 전문으로 하는 기업인이었다. 그녀가 소셜 네트워크에 관한 책도 썼다는 것이 새롭게 다가왔다.

내가 H 대표를 처음 알게 된 건 신문기사를 통해서였다. 한 기업체의 CEO 모임에서 만난 CEO 4인이 인도 바라나시의 사람들과 풍광을 담은 사진전을 연다는 정보였다. 관련해서 책도 출판했는데 인세 전액은 모 시인이 운영하는 '인도 학교 짓기 운동'에 기부한다는 것이었다. 그 신문기사만 보고도 인생을 가치 있게 사는 인물을 만난 것 같아 흐뭇했던 기억이 있다.

어느 날 H 대표가 기존 회원의 추천으로 회원가입을 하고 싶다는 의사를 전달해왔다. 알고 보니 호텔 리어에서 이미지 컨설턴트, 경영 컨설턴트로서의 행보까지 열정을 따라 삶의 영역을 확대할 줄 아는 매력의 소유자였다. 그뿐만 아니라 청담동에서 갤러리도 운영하고 있었다. 자연스러운 매력을 갖춘 성공한 여성의 전형을 보는 듯했다. 그냥 폼이나 잡는 딱딱한 스타일이 아니었다. 때론 약간 달뜬 느낌도 풍겨 왔다. 경쾌한 목소리와 표정은 누구를 만나도 호감을 사기에 충분해보였다.

반가운 마음에 연락 후 그녀의 회사를 방문했다. 그녀는 격의 없는 특유의 환한 웃음으로 나를 반갑게 맞아주었다.

"많은 소셜 네트워크에 관한 책들이 있지만 대표님 책에 정말 많은 공감을 했습니다. SNS사용 방법에 관한 것이 아니라 SNS가 갖는 본질을 콕하고 잘 짚어준 책이었거든요."

책을 언급하자 H 대표의 명쾌한 설명이 뒤따랐다.

"SNS도 결국 인간의 소통인 이상 진정성과 매너가 중요하지요. 또 디지털 시대의 핵심은 바로 깨어 있는 맑은 정신입니다."

그녀는 잠시 생각하더니 이어 말했다.

"소통의 확장이라는 면에 주목하면 답이 나오지 않겠어요? 자기 자랑이나 광고성 콘텐츠만 가득한 공간에 호감을 갖기는 어려우니까요. 아 이 사람은 나를 장삿속으로만 대하고 있구나 생각이 드는 순간 관계는 막히게 됩니다."

결국 어느 시대를 살고 있건 사람들에게는 소통을 하려는 욕구가 있다. 어렵게 생각하고 나와 맞지 않는다고 거부감을 가질 문제가 아니다. 이 시대에 맞는 SNS를 잘 활용하면 도움이 될 수 있다. 공간의 한계를 극복하고 다양한 사람들을 만나고 사귈 수 있는 공간은 SNS 외 어디에서도 찾아볼 수 없다.

1973년에 사회학자 마크 그라노베터는 '약한 연결'의 개념에 대해 말했다. 우리는 절친으로부터가 아니라 대충 아는 지인으로부터 일자리를 추천받거나 유용한 정보를 더 많이 얻게 되는 수가 많다는 이론이다. 이를 오늘날의 현상과 연결지어보면 40여 년 전에 말한 그 '느슨한 관계'가 소셜 네트워크로 표면화되는 것 같다.

SNS상에서 관계 맺음은 남녀노소를 불문하고 가능하다. 지역별 한계도 없고 어떤 사람인지 구체적으로 알 필요도 없다. 서로 깊이 알려고 들지도 않는다. 언제든 자기와 맞지 않으면 끊을 수 있는 관계이고 일방적 단절이 가능하기 때문에 심적 부담도 전혀 느끼지 않는다. 많은 팔로우를 거느린 사람은 자신이 어느 누구와 친구관계를 맺고 있는지, 누가 자기 일상을 들여다보고 있는지 신경 쓰지 않는다. 그저 자기 소신을, 자신의 생활을 공유하고자 한다.

하지만 참을 수 없는 인간관계의 가벼움에 쓸쓸해질 수도 있고, 끝도 없는 비교와 상대적 박탈감에 자신의 삶을 우울의 구렁텅

이에 빠뜨릴 수도 있는 공간이라는 걸 알아야 한다. 타인의 일상에서 느껴지는 행복과 여유, 인기 등 자신과 너무도 다른 삶을 살고 있는 사람들의 모습을 훔쳐보며 자격지심을 갖게 되기도 한다. 그런 것들을 누리지 못하는 자신이 한없이 무능해보이는 것이다. 이런 것들이 SNS의 단적인 폐해다. 소통을 위해 시작한 SNS 때문에 오히려 더 고립되고 스트레스를 받을 수 있다는 것이다.

아무 문제없이 잘하다가도 갑자기 자신이 초조하고 불안하고 불행해보인다면 바로 그때가 자신을 관찰할 시간이다. 같은 것을 보고도 과거와 달리 불행하다면 자기중심을 잃어가고 있는 것이다. 그때 당신은 불안과 초조함을 가져다주는 것에서 집중하는 시간을 줄이고 거리를 두어야 한다. 자기 삶이 흐트러지면 그 어떤 것도 의미가 없다.

SNS이기에 더 주의해야 하는 부분이 분명히 있다. SNS는 모든 족적을 남길 수 있다는 점이다. 무신경하게 드러낸 편협한 생각, 말도 안 되는 문장이나 맞춤법, 자신만의 이익을 위해 올리는 광고성 멘트는 자제해야 한다. 그저 잘 모르는 사람들이라고 안면이 없는 사람들이라고 쉽게 대하면 의도하지 않은 일에 휘말릴 수 있다.

평판이 스펙인 시대, 온라인 평판은 평생을 따라다닐 만큼 강력하다. 나는 내가 한 일을 잊을 수 있지만 SNS나 인터넷상 기록한 일들은 절대로 지워지지 않는다.

반면 "마음 잘 통하는 페이스북 친구를 만나보는 것도 재미있죠." 라는 H 대표는 실제로 SNS에서 만난 친구들과 정기적인 독서 세미나도 운영하고 있다. 기술발달의 순기능을 최대한 활용하고 있는 셈이다. SNS상에서도 소통의 본질을 잊지 않고 진정성 있게 다가간다면 새로운 삶의 확장이라는 즐거움을 만들어낼 수 있다.

03

듣기만 잘해도 절묘한 타이밍에 말할 수 있다

S전자의 협력업체인 중소기업 K 대표는 VVIP카드 서비스가 아주 만족스럽다며 회사의 법인카드를 모두 S카드로 바꾸겠다고 했다. 바로 이것이 카드회사의 영업 전략이기도 하다. VVIP카드는 회원들에게 과도한 혜택을 제공하기 때문에 수익을 낼 수 있는 구조가 아니다. 회사의 입장에서도 카드 연회비 수익을 기대하지 않는다. 다만, 대부분 기업의 대표나 오너가 발급받는 VVIP카드의 서비스 품질을 높여 만족시킬 경우 그들의 회사에서 사용하는 법인카드의 영업으로 이어질 수 있는 이점을 고려한 전략이다. 규모가 큰 회사일수록 법인카드로 결제되는 금액이 커서 종국에는 회사에 큰 이익을 가져온다.

회사 법인카드 담당자와 미팅을 겸한 식사자리를 갖게 되었다.

기업체에서 나온 재경부 팀장이 우리를 맞았다. 대표님은 미팅이 길어져 조금 늦을 것 같다고 양해를 구했다. 새로 확장하게 될 사옥 부지를 계약하는 중요한 미팅인지라 예상보다 시간이 더 걸리는 것 같다고 했다. 회사에 중요한 날 약속을 잡아 번거롭게 해드린 것 아니냐고 조심스레 의중을 전하니 대화와 협상의 달인이시니 아마도 계약을 성사시키고 오실 거라고 믿고 있다는 답변이 돌아왔다.

"대표님께서 굉장한 달변가이신가 봐요?"

"아뇨 정반대예요. 오히려 눌변에 가깝죠. 말수도 적고요. 항상 저희에게 '말을 많이 하는 건 하수다. 말을 많이 하기보다는 잘 들으라.'고 말씀하시죠. 상대방의 말을 잘 들어봐야 그가 원하는 걸 알 수 있다고요. 내가 원하는 것만을 생각하지 말고 상대방이 원하는 걸 알아내야 한다는 거죠. 그걸 바탕으로 상대방의 기분을 좋게 만들 줄 알아야 최고의 대화와 비즈니스 결과가 나온다는 겁니다."

직원의 말에 대표가 과연 협상을 성공시키고 올지 궁금해졌다. 마침내 환한 얼굴로 늦어서 미안하다며 인사를 건네고 들어오는 대표와 마주앉았다. 일단 우리와 상대의 목적인 법인카드에 대한 대화를 나누고 식사를 마쳤다.

"부지 협상은 잘하셨어요?"라고 묻자 대표는 호탕하게 웃으며 잘 성사되었노라고 했다.

"협상은요 결정적인 순간일수록 자기를 통제할 줄 알아야 해요. 협상이나 거래에서는 반드시 빈틈을 먼저 보이는 쪽이 지게 되어 있거든요. 파는 쪽은 최대한 비싸게 팔려 하고 사는 쪽은 어떻게든 깎아 보려 하게 마련이잖아요? 그쪽에서 시세보다 좀 비싸게 부르긴 했어도 나도 그 마음을 이해할 수 있잖아요. 선친이 물려준 땅을 파는 그 마음이 편할 리 없다는 것을요."

이런 경우 어떻게든 트집을 잡아서 가격을 낮추려는 시도를 하는 건 협상을 결렬하겠다는 뜻이라고 했다. 땅 주인의 마음을 이해하고 그가 원하는 방향으로 공략하는 것이 핵심이라는 것이다. 시간이 지날수록 매각하려는 땅주인은 초조해보였다고 했다. 대표는 그 시점에서 땅과 건물을 칭찬했다고 한다. 관리도 잘하고 부지도 마음에 쏙 들어 꼭 사고 싶은데 돈이 좀 부족하다고 진솔하게 자신의 상황을 전한 것이다. 그리고 조금만 조정해준다면 오늘 은행 시간 마감 전까지 현금으로 결제하겠다고 제안했고 결국 계약은 성사됐다.

땅주인이 "돈이 급해서 예상한 금액보다 낮춰 팔긴 했지만 그래도 내 재산 가치를 알아주는 사람과 거래를 하니 흡족합니다."라고 했다는 대표의 말에서 상대를 만족시키는 대화기술을 느낄 수 있었다.

돌이켜 생각해보니 H 대표가 마련한 자리였지만 그는 말을 많이 하지 않았다. 대표는 질문을 통해 상대방이 즐겁게 말을 많이 하도록 분위기를 이끌어내는 능력이 탁월했다. 말하는 사람과 눈을 마주쳐주며 대화에 집중했고, 상대에 대한 호감으로 말의 흐름을 잘 이어갔다. 함께 대화를 나누며 상대에게 존중과 관심받고 있다는 느낌이 들게 한다. 이런 기분 좋은 대화를 거부할 사람은 없다. 나는 어디서든지 그 대표나 그 기업의 이야기가 나온다면 적극적으로 그의 편을 들어줄 것이고, 내가 받은 이미지를 전해줄 것이다. 그는 대화를 통해 업무적 관계에 있던 나를 지지자로 만든 마력을 발휘했다.

성공한 부자치고 말을 장황하게 하는 사람은 없다. 그럼에도 부자들은 대화와 타협의 고수인 경우가 많다. 책에 있는 이론이 아니라 수많은 거래를 통해 이익을 만들어온 전문가이기 때문이다. "이론이 경험을 뛰어넘을 수 없다"라는 진리가 여기서도 통한다.

인맥을 형성하거나 대인관계를 맺는 데 있어서 출발점은 소통 즉 대화다. 첫인상으로 상대의 시선을 사로잡는다고 하지만, 좋은 이미지만으로 관계의 연속성은 기대하기 어렵다. 처음에는 호의적으로 다가설지라도 진정한 소통이 되지 않는다면 관계는 더 발전하지 못하기 때문이다. 대화가 통하고 대화로 인해 상대방에 대한 이해가 뒷받침될 때 생성되는 유대감은 인간관계의 연속성을 불러온다.

사회적관계의 대화와 타협에서 핵심은 바로 내가 아니라 상대방을 봐야 한다. 내가 아는 것을 말하는 게 아니라 상대가 아는 것을 듣는, 아니 들어주는 즐거움을 즐겨야 한다. 말 속에 마음이 들어 있다. 잘 들으면 상대가 원하는 것이 무엇인지 알 수 있고 자신이 원하는 것과 견주어 조율할 수 있는 공간이 보인다. 몇 마디의 말로 그 공간을 당신이 채워줄 수 있다. 장황하지 않아도 되고, 번지르르한 미사여구가 아니어도 된다. 진심과 진정어린 말이 더 통할 수 있다. 상대가 만족스런 표정을 지을 때 당신의 목적이나 요구사항을 제시해라. 그는 이미 당신의 제안을 받아들일 준비를 끝냈다.

04

잘난 체하며 거들먹거리면 일을 그르치게 된다

자랑이 난무하는 시대다. 어디를 가나, 무엇을 보나 다들 자랑을 못해 몸살이 난 듯 자기 과시가 넘쳐난다. 어떤 모임이나 학교 동창회를 가더라도 수다의 대부분은 어찌됐든 자기자랑이다. 자랑의 소재도 차고 넘쳐서 무엇이든 갖다 대고 보는 것 같다. 승진, 점수, 보너스, 여행, 자기가 산 물건까지 누가 묻지 않았는 데도 자백하듯 술술 분다. 마치 주변 사람의 기를 죽여야 자신이 돋보인다고 생각하는 것 같다. 기분 좋게 모임에 나갔다가 돌아오는 길은 허탈하고 '난 왜 이렇게 살지?'라는 생각이 절로 들어 인생이 허무해지기까지 한다.

사업가로 알려진 최 대표는 좀 특이한 화법을 가졌다. 자신이 운영하는 잘나가는 사업체와 자산을 자랑할 만한 자리에서도 좀처럼 언급하는 법이 없다. 처음엔 그 비밀스러움이 조금은 의뭉해보이기도 했다. 조금 시간이 지나자 자랑할 만큼 자식들이 성공하지 못했거나 어쩌면 일탈해서 잘못된 길로 빠지지 않았나 하는 염려까지 들었다.

내 일도 아닌데 이렇게 걱정하는 나 스스로가 우스웠지만, 워낙 비밀스럽게 말을 아끼고 있으니 그의 사적인 영역에 더 호기심이 느껴졌다. 그런데 밝혀진 최 대표의 아들은 완벽한 스펙을 가진 인재였다. 작가이자 영화계에 명성이 자자한 사람이었다. 신이 불공평하게도 한 사람에게 재능을 몰아주었을지도 모른다는 질투심마저 느끼게 했다. 그런데 최 대표는 그런 아들을 전혀 자랑하지 않았고 오히려 남들이 자식 자랑을 할 때마다 상대에게 대단한 자제라고 치켜세워 주었다.

어느 날, 최 대표를 만난 자리에서 덕담 차 인사말을 건넸다.

"훌륭한 아드님을 두셔서 좋으시겠어요. 말씀을 안 하셔서 전혀 몰랐네요."

"아. 네, 감사합니다. 그저 건강하게 잘 자라주어서 고맙지요, 제가 자랑할 게 있나요."

"너무 겸손하신 거 아니에요, 대표님?"

대표는 정색하며 손사레를 쳤다. 겸손이라기보다는 불편했던 기억들 때문이라는 것이다. 반가움에 모임에 나갔는데 자식자랑, 돈

자랑으로 주도권을 쥐려는 분위기가 감지되면 불편하다고 했다.

"사실 너무 그런 자리에서 주눅이 들면 곤란하잖아요. 그래서 다들 적당히 윤색하고 과장도 하게 되지요. 저도 젊을 때는 그랬어요. 남들에게 질세라 사업이 얼마나 잘 되는지, 아이들이 얼마나 훌륭하게 자라고 있는지 늘어놓기 바빴지요. 간혹 돈에 저 친구에게 밀린다 싶으면 자식 자랑으로 응수했다고나 할까요? 우리 사회에서 돈 자랑에 맞설 유일한 수단은 자식 자랑이잖아요. 돈으로는 해결할 수 없는 문제니까요."

그는 어느 순간 그런 의도가 불편해지고 부질없게 느껴졌단다. 거기에다 몇 번 사업 실패를 겪어보니, 스스로 시끄러운 사람치고 실속 있는 기업이나 사람이 없었다는 것이다. 십중팔구는 분수 이상의 생활을 하는 쪽이거나, 진실을 숨기고 허세로 포장된 인생을 살고 있었다고 한다. 그때 깨달은 것이 과장이 과장을 불러온다는 점이라고 했다. 결국 인간관계에 있어서 불필요한 내용들이 너무 많이 끼면 불균형이 발생하기에 자랑을 자제한다는 것이다.

"사실 뭐 내가 남들에게 자랑하려고 돈을 버는 것이 아니잖아요? 부모 체면 살려주려고 자식들이 잘 자라 주는 것도 아니고, 그건 고마워하고 감사할 대상이지 남들에게 떠벌리거나 자랑할 대상이 아닙니다."

최 대표가 남긴 마지막 말은 내게 많은 생각을 던져주었다. 나는 나를 드러내지 않으면 무시당할 것 같고, 부와 지식, 남다름을 뽐내야 인정받을 수 있다고 여겼기에 은근히 나를 부각시키기 위해 노력했었다. 그런데 되돌아보니 부끄러움만 남았다.

우리 속담에 "자랑 끝에 쉬슨다(불붙는다)."라는 말이 있다. 너무 자랑하면 그 끝에 말썽이나 화가 생긴다는 뜻으로 너무 잘난 체하며 거들먹거리면 일을 그르치게 된다는 의미다. 자기 자랑이 상대에게 앙금을 남기고 불편함을 초래한다면 인간관계에 도움이 되지 않는다는 경고다.

아무리 있는 사실을 그대로 말한다고 해도 그로 인해 누군가는 스트레스를 받고, 갈등이 초래된다면 모임이 오래가지 못한다. 중학교 동창의 모임이라면 추억이나 간단한 근황, 공통된 화제를 소재로 대화를 나눠야 한다. 너무 개인적인 일이나 자기에게 편중된 이야기를 주제삼아 이야기한다면 다수의 사람이 할 말을 잃게 된다. 또한 친구라는 관계에 균열이 생길 수 있고 위화감을 만들어 종국에는 유대감이 깨지는 결과를 초래한다.

성공은 그 기준을 어디에 두느냐의 문제다. 꼭 유명하고 돈을 많이 벌어야 자식농사를 잘 짓는 건 아니다. 또한 개인의 가치관에 따라 기준이 달라질 수 있다. 언제나 자신을 내세우고 싶다면 자신이 자랑하려는 것보다 더 나은 사람이 있음을 기억하고 겸손한 태도를 상기해야 한다. 지극히 개인적 관점에서 판단하고 자랑을 일삼는다면 뒤따르는 비난을 면하기 어려울 것이다. 오만한 사람이라는 불명예까지 떠안을 수 있다.

한편으로는 이것저것 따지고 빼면 대화의 소재가 없다고 말하는 사람들도 있다. 이제껏 대화의 주제를 자신에게서 찾은 사람이라면 분명히 그럴 수 있다. 자기가 말하고 싶은 것, 드러내고 싶은 것에 치중하는 말하기 방법을 사용했기 때문이다.

대화를 이끌겠다는 욕심을 버려야 한다. 대화는 누군가와 공통된 화제를 나누는 것이다. 서로의 생각을 공유하며 의견을 나누어야 한다. 한 사람의 일방적인 발언은 독백이 될 수밖에 없다.

우리는 내면의 결함을 감추기 위한 방식으로 자신의 존재 기반인 현실을 과장시키는 실수를 범하지 말아야 한다. 마찬가지로 남들의 허세를 그대로 수용한다면 다른 사람의 장단에 놀아날 수 있다. 자신의 리듬에 맞춰 성실하게 사는 것이 훨씬 이롭다. 다른 이들의 자랑을 걸러듣는 귀를 갖고 그들의 과시에 현혹되는 눈을 감자. 빈 수레가 요란할 뿐이다.

05

알아두어서 쓸데없는 지식은 없다

제대로 말을 잘하는 것, 그 자체가 능력으로 인정받는 시대다. 인간관계와 커뮤니케이션이 중요해진 만큼 입담과 수다의 능력도 재평가되고 있다. 다양한 주제로 어떤 사람하고든 이야기를 나눌 수 있으면 주변에서 호감을 갖는다. TV에서는 〈알아두면 쓸데없는 신비한 잡학사전〉이라는 교양프로그램이 인기를 끌었다. 출연자들은 '쓸데없는'이라는 표현이 맞나 하는 의구심을 가질 만큼 해박한 지식들을 쏟아낸다. 시청자들은 그에 도움을 받아 지식의 영역을 넓혀가고 관심 분야를 찾기도 한다.

세상의 지식이라는 게 쓸데없는 것이 있을까? 우리가 그동안 집중한 것들을 점검해보면 성공하고 돈벌이하는 데 도움이 되는 것,

그 외의 것들은 쓸데없는 것으로 치부했다는 생각이 든다. 은연중에 아니면 의도적으로 외면한 것일 수도 있다. 치열한 경쟁에서 살아남아야 하는 사회구조상 그럴 수밖에 없었다고 변명할 수도 있다. 필요 이상의 것들에 에너지를 쓰면 효율이 떨어지니 어쩔 수 없는 선택이었다고 읍소할 수도 있다. 그러나 우리가 삶의 과정에서 젖혀두었던 것들을 알았더라면 삶이 달라질 수 있었고, 인간관계의 폭도 더 넓어질 수 있었을 것이다. 처음 만나는 사람과 어떠한 이야기를 나누더라도 공통된 관심사에 대해 대화를 나눌 수 있다면 상대는 호감을 느낄 것이고 유대감은 튼튼해질 수 있다.

부자들은 실용적인 지식만이 아니라 '문화와 예술, 철학' 등 다방면에 관심을 가지고 알려 한다. 개인적으로 알고 싶은 호기심에서 접근하는 경우도 있지만, 사회적 위치에 걸맞은 처신을 위해서인 경우도 많다. 특히 어떤 분야의 전문가를 만날 때에는 배우겠다는 자세가 더 확실해진다. 상대를 존중하고 인정하면서 절대 자신의 얄팍한 지식을 드러내거나 일방적으로 말하지 않는다. 그것이 자신에게 아무런 도움이 되지 않는다는 것을 알기 때문이다. 우리는 이런 부자들의 삶의 자세를 배워야 한다.

대화를 통한 소통의 단계에서 필요한 것은 상대에 대한 호감과 존중의 마음이 먼저다. 교양 있는 사람이란 단순히 많이 아는 것에 그치지 않는다. 마치 여행을 하며 세상을 둘러보듯 몇 가지 질문으로 상대방을 이해하고 공통점이나 차이점을 찾아낸다. 그리고 대화의 물꼬를 터서 이야기를 이어나간다. 상대를 존중하는 자세로 겸손하게 다가서고 인간 대 인간으로 한 수 배우겠다는 자세로 임한다. 대화를 유연하게 유지하면서 상대방의 말에 호응해주는 것이다.

하지만 대화를 나누다 보면 꼭 이겨먹으려는 사람이 있다. 이처럼 피곤한 대화상대는 없다. 언제나 맞고 틀리고를 분간해서 확인하려 한다든지, 말의 꼬투리를 잡아서 상대방의 잘잘못을 짚고 넘어가려는 사람들이다. 이런 사람들 앞에서는 말하기가 무서워진다. 말이라는 것이 아무리 조심해도 생각지도 못한 말이 나올 때가 있고, 말실수를 할 때도 있다. 그런데 그것을 문제 삼아, '절대 있을 수 없는 일'로 몰아세운다면 상대는 곤혹스러워진다. 그리고 '절대 상종하지 못할 사람'이라고 마음에 새길 것이다. 자신의 말이 옳다고 죽을 힘을 다해 외치는 사람과 대화하고 싶어 하는 사람은 없다.

자신이 좋아하는 분야에 대해 맘껏 의견을 내고, 자신이 좋아하는 분야에 대해 말하는 동안 우리는 살아있음을 강렬히 느낀다. 뇌에서 분비되는 도파민 때문이다. 특히 '자신'에 대해 말할 때 사랑에 빠진 사람처럼 도파민이 왕성하게 분비된다고 한다. 그래서 자신의 상황을 전할 때 우리는 장황해진다. 그것이 자랑이든 안 좋은 상태든지 상관없이 말이 길어지고 상대의 반응을 살피지 못하는 것이다.

대화를 할 때는 언제나 상대방의 표정을 살펴야 함을 잊지 말자. 상대도 자기 이야기를 하고 싶다는 것을 염두에 둬야 한다. 대화의 자리에서 말하는 기쁨을 골고루 누릴 수 있을 때 그 만남에 대한 만족도가 커진다. 늘 소심하고 자기 말을 잘 안 하는 친구라서 언제까지 기다릴 수 없어서 내가 말을 꺼냈을 뿐이라고 변명하지 말자. 그 친구는 말을 하고 싶지만 어떻게 꺼내야 할지 고민하고 있었을 뿐이다. 이럴 때 필요한 것이 바로 질문이다. 대화의 고수들은 적절한 질문을 통해 대화 상대가 자연스레 대화에 들어올 수 있도록 만든다. 이런 룰이 잘 안 지켜지면 자꾸 불편한 사람들이 생긴다. 어느 날 조용히 모임에 안 나오는 사람들이 많아진다면 돌아봐야 할 문제다.

알아두어서 쓸데없는 지식은 없다. 사고의 영역을 확장시켜 어떠한 정보든지 자신의 것으로 만들어라. 대화의 폭이 넓어지고 더 많은 사람과 유대감을 형성할 수 있는 지름길이다. 자신이 좋아하는 분야에 대해 다른 사람이 호감을 보인다면 신이 나서 알려주고 싶은 게 우리 마음이다. 십인십색을 맞춰줄 수 있는 다양한 이야기보따리가 있는 사람은 누구를 만나도 재미있게 수다를 떨 수 있다. 지적인 즐거움까지 주는 이런 수다는 유익하다. 물론 상대의 취약한 주제를 피하려는 센스도 있어야 한다. 특히 종교나 정치 이야기는 조심스럽게 접근해야 한다. 예로부터 전쟁을 불러오기도 하는 소재이기 때문이다.

06

성공의 탄탄대로를 걷고 싶다면 주위를 둘러봐라

부자들은 인간관계에 있어서 매우 신중하고 조심스럽게 접근한다. 자신의 이익만을 생각하고 있음에도 아닌 척, 진심인 척 다가오려는 사람들이 많기 때문이다. 따라서 늘 의심의 눈초리를 갖고 경계한다. 필요한 전문가를 소개받을 때에도 믿는 사람이 추천하는 사람이 아니라면 일단 경계하고 본다. 그래서 그들만의 리그에서 모든 걸 해결하려 하는 것인지도 모른다. 사랑이나 결혼도 그렇다. 자신들의 정체성에 대해 설명하지 않아도 되고 경제적으로나 사회적 지위 측면에서 비슷한 사람들이니 한 번 형성된 인맥을 통해 교환된 정보를 신뢰하는 것이다. 불필요한 견제나 감시가 필요 없고 서로의 입장을 잘 헤아릴 수 있기 때문에 오해나 갈등이 생길 우려도 적다.

사회생활을 하면 할수록 힘든 것 중 하나가 인간관계를 맺는 것이라는 말에 모두 공감할 것이다. 자라온 환경이 다르고 가치관이나 관점이 다른 사람들이 의기투합하기란 물과 기름을 섞는 일만큼이나 어렵다. 가시적으로는 섞인 듯 보이나 절대 혼합될 수 없다는 뜻이다. 이는 피를 나눈 가족관계에서도 마찬가지다. 각자 존중하는 삶을 살면서 이해가 되면 좋겠지만 그리 쉬운 일이 아니다.

《설득의 심리학》의 저자 로버트 시알디니는 "영향력이 있는 사람들은 내가 도움을 줄 수 있는 사람이 누구인가를 생각합니다."라고 말했다. 자신의 지식과 능력을 이용해 타인에게 도움을 주는 것이 결국 자기 성장에도 도움이 된다는 것이다. 상호작용이 잘 되는 사람, 내가 도움을 줄 수 있는 사람을 찾아 그들을 도와주고 그들을 내 편으로 만들어 관계를 형성해 나가고 상대도 유익을 얻는다면 서로의 영향력이 극대화되고 더불어 성공할 수 있을 것이다.

하지만 남을 돕는 이타적인 행동의 동기가 선하더라도, 무조건적인 자기희생은 곤란하다. 이 연구는 《오리지널스》라는 저서로 잘 알려진 세계적 조직심리학자 애덤 그랜트의 '기브 앤 테이크'에서 잘 보여준다. '주고받음give and take'은 인간관계의 감춰진 핵심원리라는 저자의 설명은 인간관계가 형성되면 지속적인 관계 유지를 위해 노력해야 한다는 것을 말한다.

매일 밥을 사는 선배가 있다면 후배는 그에 걸맞은 감정이라도 서비스를 해야 한다. 또한 바쁜 와중에 누군가를 돕고 지식과 정보를 기꺼이 공유하는 사람에게는 자신의 이익을 어느 정도 양보해야 한다. 자기 이익만을 고집하다 보면 그가 늘 베푸는 선의에서 외면당할 수도 있다. 물론 성공의 사다리에서 본다면 매일 자기 것을 퍼주는 사람이 제일 낮은 위치에 처할 수 있다. 부지런하고 영악한 사람의 희생양이 되는 것이다. 그래서 누군가는 이타주의자들에게 자신의 모든 것을 내던지지는 말라고, 좀 더 똑똑하게 살라고 말한다. 하지만 관계 속에서 주판알을 튕기지 않고 더 주려는 사람, 그래서 상대로 하여금 감동을 불러일으키는 사람이 종국에는 인정받는다. 진심으로 마음을 움직이게 할 수 있는 사람이 신뢰를 얻기 때문이다.

사회생활을 하면서 인간관계의 신뢰를 쌓기란 쉬운 일이 아니다. 믿어주는 것 같지만 한편에서는 불신의 싹을 품고 있는 것이다. 여차하면 등을 돌리는 야속함마저 보인다. 그러므로 이타적인 사람이 보여주는 한결같은 성품은 누구든 그를 믿고 따르게 한다. 그만큼 그에게는 보이지 않은 자산이 쌓여 있는 것이다.

우리가 일반적으로 사회생활을 잘한다고 생각하는 사람들은 자신의 몫을 잘 챙기는 사람들이다. 그런데 그런 사람들을 가만히 지켜보면 속마음을 드러내지 않고 겉으로 보이는 것에 집중해서 상대를 대한다. 남들을 이용해 자신의 이익을 취하려 하는 것이다. 당장은 그들이 승승장구하며 승진을 거듭하고 매출을 올리고, 실적을 높일지라도 어느 한계에 이르면 더 이상 빛을 발할 수 없다. 위로 올라갈수록 아랫사람들의 지지를 받아야 하는데 잇속에 의한 관계맺음으로 사람을 남기지 못했기 때문이다.

결국 성공은 인간관계가 좌우한다. 성공한 사람은 협업을 적절히 활용할 줄 안다. 여러 사람의 능력을 통해 시너지를 이끌어내며 동료들의 기여도를 존중한다. 서로의 이익과 기회를 주고받는 인적 네트워크를 형성하는 것이다. 요즘처럼 모두가 연결되는 시대, 누군가에게 베풀면 그 영향과 속도는 더 빠르게 전달된다. 성공을 위한 탄탄한 길이 뚫리는 것이다.

어느 IT기업의 대표는 조금 손해 보는 삶을 살라고 했다. 그 손해가 당장의 계산으로는 마이너스지만 인간관계의 발전을 위한 투자이기 때문에 장기적으로는 플러스 요인이 된다는 것이다. 내 것을 내줄 줄 아는 사람이야말로 성공의 키를 쥐고 있는 것이다. 남에게 내줄 것이 없는 사람이야말로 가난한 사람이 아니던가. 진정 내줄 것이 없거든 상대에게 칭찬과 웃음만이라도 내줘라. 당신에게 이익만 주는 묘수다!

07

자기만의 세계로 매력을 보여줘라

매력이 자본인 시대다. 전 런던정치경제대학교 사회학과 교수인 캐서린 하킴은 자신이 만든 용어인 '매력자본'을 경제자본, 문화자본, 사회자본에 이어 현대 사회를 규정하는 제4의 자산이라고 규정했다. 자본이라는 말은 경제력과 연결된다는 의미다. 즉 매력이 있는 사람이 성공이나 사회생활을 하는 데 훨씬 유리하다는 말이다.

그는 매력자본을 여섯 가지로 규정했다. 아름다운 외모, 건강하고 섹시한 몸, 능수능란한 사교술과 유머, 패션 스타일, 이성을 다루는 테크닉을 언급한다. 사람을 매력적인 존재로 만드는 이 모든 자원은 일상을 지배하는 힘이 있다.

우리는 남자든 여자든 불문하고 분명 인상 좋고 매력적인 사람에게 끌린다. 물론 취향에 따라 기준이야 다르겠지만 일반적으로 잘생기고 매너 있고 예의바른 사람에게 더 후한 점수를 주게 되는 건 어쩔 수 없다. 겉으로는 외모지상주의가 아니냐며 애써 무시하기도 하지만 현실은 우리 모두 알고 있듯이 같은 값이면 다홍치마가 아니던가.

비슷한 능력이면 외모도 아름답고 자신의 매력을 센스 있게 전달할 수 있는 사람이 연봉도 20% 높다는 통계 수치도 있다. 굳이 통계가 아니더라도 실제로 우리 주변을 돌아보라. 일을 잘하는 사람들은 옷차림도 전략으로 생각하고 상황에 맞게 연출할 줄을 안다.

그러나 매력자본에서 외모 생김새가 그리 중요한 것은 아니라는 사실이다. 분위기를 주도하는 유머 감각이나 세련된 표현력, 상대를 편안하게 만드는 매너 등 다른 사람들의 호감을 살 수 있는 모든 능력을 합쳐 이르는 개념이다. 우리가 반드시 뛰어난 외모에만 혹하는 것은 결코 아니다. 아무리 모태미남미녀라고 해도 생각만 해도 피곤한 스타일이 있지 않은가. 그런 사람을 자주 보고 싶지는 않다.

매력은 상대를 끌어당긴다. 애써 노력하지 않아도 상대를 사로잡아버린다. 싸우지 않고도 이기는 힘이요, 머리 아픈 '밀당'의 기술 없이도 관계에 긴장감을 불러 오는 힘이다. 그런 힘은 어디에서 나오는 걸까?

치명적인 매력을 가진 이들에게서 발견되는 공통점에 대해 생각해보자.

내공이든 카리스마든 혹은 아우라라고 하든 누군가의 독특한 무엇에 우리는 강하게 끌린다. 그걸 한마디로 정의하자면 '자기만의 세계'가 있는 사람이라고 생각한다. 남들의 시선으로 자신을 조율하지 않고, 자신의 욕구에 충실하며, 자신을 잘 알 때 뿜어져 나오는 에너지, 거침없는 매력을 가진 사람들이다.

"오, 이 사람은 정말 그동안 내가 만났던 사람들과는 차원이 다르군. 예측불가야."

"그동안 잘 먹혔던 내 전략이 전혀 통하지 않는군."

이처럼 수가 뻔하게 읽히지가 않아 더 승부욕이 생기는 사람들을 본 적이 있는가? 자신을 사랑할 줄 알고 그걸 삶의 큰 이유로 생각하는 사람, 자신만의 취미가 있고 자신의 욕구대로 시간을 채울 줄 알며 무엇보다 자신을 사랑하는 다양한 방법을 알고 있는 사람들 말이다. 당당한 아우라로 세상 앞에 쭈뼛거리지 않고 세상의 인정이나 눈치 따위를 구걸하지 않는 모습이 사람들의 호기심을 불러일으킨다. 세상의 흔한 잣대로 재어지는 걸 거부하는 사람들이다.

이런 용기가 있는 사람들은 느긋하다. 연애에 있어서도 결코 얕은 수로 상대방을 휘어잡으려는 조급함을 보이지 않는다. 그렇기에 그 사람이 가진 심연을 알고 싶게 만들어버린다. 그 과정에서 오히려 상대방이 더 마음 졸이게 되는 그런 유형을 떠올려 보라. 남들과의 어설픈 비교나 오버페이스로 급하게 속도를 내지 않는 여유도 느껴지는 사람들이다.

실제로 그런 사람들은 당당하다. 때론 뻔뻔스러울 만큼 자신의 가치를 그 어떤 것과도 바꾸려 하지 않는다.

매력에 대한 이야기를 하다 보니 학창시절에 가훈을 발표하던 날의 친구네 가훈이 멋진 기억으로 떠오른다. 그 시대의 흔한 가훈은 '최고가 되자, 최고보다는 최선을, 성실, 노력은 쓰나 그 열매는 달다' 등 다분히 식상한 내용들이었다. 모두들 엇비슷한 발표가 이어지는 가운데 한 친구가 발표한 가훈이 귀에 쏙 들어왔다.

"우리 집 가훈은 '깊어지자'입니다."

뭐 '깊어지자'라고? 뭔가 그 느낌이 어색하면서도 천편일률적인 가훈들 속에서 신선하게 느껴졌었다.

살아가면서 깊이를 더하는 것이 인생이 아닌가. 그 깊이가 바로 매력이었다. 나를 잘 아는 데서 오는 자유로움, 상대방을 배려하는 사고의 깊이를 가진 자만이 공감을 이끌어내고 설득할 수 있으며 상대방을 편안하게 할 수 있는 법이다. 몇십 년의 시간을 점프해서 갑자기 떠오른 그 친구나 나는 학창시절보다 얼마나 더 깊어졌을까. 그 깊이에 대해서는 철저하게 자신들이 각자 책임져야 함을 아는 나이이기에, 이래저래 질문이 많아진다.

"당신은 당신만의 세계가 있는가? 남들에게 보여줄 나만의 세계를 품고 있는가?"

아무리 가창력이 뛰어난들 남을 흉내 내는 모창가수는 절대 최고가 될 수 없다. 어느 누구의 삶이 아닌 자신의 세계를 가꾸며 매력을 드러내라. 스스로의 매력을 키워가는 사람이 이 시대의 오리진으로 기억될 것이다!

시간을 최악으로 사용하는 사람들은

시간이 부족하다고 늘 불평하는 데 일인자이다.

라 브뤼에르

PART
4

시간

제한된
신의 선물

신에게 아부라도 해서 더 얻어내고 싶지만 절대 안 되는 것이 '시간'이다. 누구에게나 공평하게 주어진 시간의 활용에 따라 수확물이 달라진다. 돈을 목표로 한 사람은 돈을, 지식을 목표로 한 사람은 지식을 얻는다. 마음먹은 대로 되지 않는다는 것이 안타깝지만, 시간은 기다려주지 않는다. 그래서 시간의 가치를 아는 사람과 모르는 사람의 성과는 다를 수밖에 없다.

01

유능한 CEO는 시간을 주무른다

아침형 인간이 성공의 필수조건인 것처럼 여겨지던 때가 있었다. 새벽을 깨우는 부지런한 사람만이 성공할 수 있다는 주장으로 억지로 알람을 맞추도록 했다. 하지만 이후 만만치 않은 반론들이 제기됐다. 저녁형 인간이냐, 아침형 인간이냐 하는 패턴의 생체리듬은 어느 정도 유전자와 관련된 문제라는 것이다. 억지로 적응해야 하는 문제가 아니라는 거였다.

실제로 조사해보니 저녁형 인간과 아침형 인간의 비율은 절반 정도로 나타났다. 두 유형의 사람들 간 업무성과에 큰 차이가 없다는 연구 결과도 이어졌다. 훌륭한 성과를 내기 위해서는 활동시간의 영역대보다 8시간 이상의 충분한 수면을 취했는지가 더 중요하다는 것이다. 예를 들면 애플과 아마존이 나란히 시가총액 1조 달러를 넘긴 뒤 최고 경영자 팀 쿡과 제프 베이조스의 '아침형 인간' 생활습관이 다시 주목을 받았지만, 페이스북의 마크 저커버그와 테슬라의 일론 머스크 등의 올빼미형 CEO들도 여전히 건재하고 있지 않은가.

그럼에도 아직까지는 성공과 출세라는 잣대로 평가한다면 아침형 인간이 더 유리해보인다. 대다수의 기업들이 아침형 사이클을 가지고 있기 때문이다. 기업이 요구하는 사이클과 잘 맞아떨어지는 아침형 인간은 자신이 원하는 시간에 일어나 힘차게 하루를 시작한다.

한국의 CEO들이 조찬모임을 좋아하는 것은 확실하다. 현실적으로 바쁜 일과 중에는 시간을 내기 어렵기 때문이다. 하루 종일 빡빡한 일정을 소화하는 그들에게 점심과 저녁은 비즈니스 약속이 잡혀 있는 경우가 많다. 회의는 해야 하는데 일과 중에는 도무지 시간을 낼 수 없으니 고심 끝에 생각해낸 대안이다.

VIP를 대상으로 하는 마케팅에서 이를 놓칠 리가 없다. 대부분 회사 CEO나 임원, 사회적 지위가 있는 사람들이 회원의 대부분이기 때문에 그들의 바쁜 시간을 잘 이해하고 있다. 그래서 VIP를 위한 강연이나 설명회는 조찬모임의 형식을 빌려 많이 진행한다. 덕분에 담당직원들은 새벽잠을 설치기 일쑤다. 보통 호텔의 연회장에서 진행되는데 이때 참석자들도 간단히 안부나 물으면서 단순히 형식적인 참석으로만 끝내지 않는다. 이왕 귀한 시간 냈으니 유용하게 활용하려는 의도가 엿보인다. 대부분 전날의 빡빡한 일정을 소화하고 새벽모임에 참석하지만 어느 누구 하나 피곤해하거나 졸려 하는 사람을 본 적이 없다. 자신들의 인맥과 지식을 넓히기에 아침시간만큼 최적의 시간이 없다는 걸 잘 알고 있기 때문에 조찬모임에 대한 관심은 항상 뜨겁다.

그런데 기업의 대표들이 많다고 해서 반드시 경제 문제에만 관심이 있다고 생각하면 큰 오산이다. 세금에 관계된 내용이나 경제적 전망에 대한 이슈도 있지만 주제는 한정적이지 않다. 사회 전반에 관련된 주제들이다. 건강, 명상, 커뮤니케이션, 인문학, 미래학, 자녀교육에 이르기까지 그야말로 모든 분야를 아우르는 강연을 준비한다.

아침형 인간이 되길 강요하는 것은 아니다. 나 자신도 아침형 인간이 아니다. 늦게 잠들기를 좋아하고 느지막하게 일어나는 여유를 사랑한다. 그럼에도 회사생활과 일정에 맞추다 보니 아침에 일찍 일어날 수밖에 없다. 늘 출근시간에 쫓겨 일어나게 된 것이지만 몇 년을 반복하다 보니 습관처럼 이젠 눈이 떠진다. 시간적 여유가 있는 아침이면 괜스레 기분이 좋다. 콧노래가 나오고 경쾌한 음악도 듣게 된다. 그리고 차 한 잔의 여유를 만끽할 수 있는 즐거움이 있다. 업무를 진행하더라도 훨씬 느긋하게 처리하면서도 시간이 남는다. 하루를 몇 시간 더 사는 것 같은 느낌이다.

CEO들은 이 점을 잘 아는 것 같다. 그들이 아침형 인간으로 태어났다기보다 아침시간을 활용하면서 효과적으로 시간을 활용할 수 있다는 점을 발견한 것이다. 하나의 기업을 책임지고 이끌어가는 그들이기에 시간을 금쪽같이 써야 하는 것은 물론 시간의 효율성도 따져봐야 했을 것이다.

"일찍 일어나는 새가 벌레를 잡는다."라는 원칙을 각인하고 책임감 있게 자신의 역할을 수행하려는 의지인지도 모르겠다. 나태해지거나 방만해지는 것을 스스로 미연에 방지하고 자신에게 근면, 성실을 독려하는 것이다. 내 관찰 결과에 따르면, 그런 CEO가 경영하는 기업들은 업계의 인정을 받고 성장가도를 달린다. 시간을 주무를 수 있는 그들이라 못 해낼 일이 없는 것이다.

02

당신의 취미는 무엇인가

남산에 자리한 H 호텔 그랜드볼룸에서 행사가 열렸다. 한불상공회의소 갈라 디너에 프랑스 문화와 샹송에 관심이 있는 VVIP회원들을 초청한 것이다. 우리에게도 익숙한 프랑스 출신 연예인이 오늘의 MC다. 행사의 백미는 당연 디너쇼였다. 에디뜨 삐아프, 이브 몽땅 이후 최고의 샹송가수로 인정받은 파트리샤 카스의 공연이 있는 날이었다.

중성적인 외모와 목소리에서 나오는 관능적인 무대 매너에, 같은 원형 테이블에 앉은 회원들 모두 그녀의 매력에 홀딱 빠졌다. 허스키한 데다 호소력 있는 목소리로 들려주는 퇴폐적이면서 이지적이기도 한 묘한 매력이 있었다. 노출이 전혀 없는 톤 다운된 블랙의 정장을 입고 노래하는 데도 얼마나 관능적이고 몽환적인지 보는 내내 다들 압도당했다. 불혹을 넘긴 중년의 나이임에도 공연은 기대 이상이었다.

공연이 끝나고도 여운은 쉽게 가시지 않았다. 평소 회원들의 모습과는 달리 열정적으로 공연을 즐기고 있는 모습이 신선해보였다. 음악이 무장해제를 시킨 탓인지 모두들 감흥에 젖은 상태 그대로 자신들의 감상평을 내놓았다. 그 중 이제껏 근엄한 모습으로만 비춰졌던 경기도의 한 종합병원 원장의 환호하는 모습이 좀 놀라웠다. 그는 평소와 다르게 말문이 터져서 유머와 위트 넘치는 건배 제의를 계속하고 있었다. 자신이 좋아하는 걸 즐기고 있을 때 얼마나 자유롭고 신나는지 알 수 있었다. 이를 본 홍보회사 이 대표가 공감한다는 듯 말을 꺼냈다.

"전 요즘 사람을 만나면 취미가 무엇인지 꼭 물어봐요. 일 이외에 어떤 곳에 시간을 보내는지는 생각보다 그 사람에 대한 많은 정보를 말해주거든요. 취미가 없는 사람은 향기 없는 꽃이랄까, 자기 색깔이 없는 사람이라는 생각이 들어서 아무리 멋진 외모를 가졌다고 해도 매력 있게 느껴지지 않더라고요. 취미가 없다는 건 자신이 어떤 걸 좋아하는지 충분히 생각해본 적이 없다는 뜻이니까요." 이에 병원장이 맞장구를 쳤다.

"나도 이 대표님의 말에 전적으로 공감해요. 사람들은 일하느라 바빠서 취미가 없다고 핑계를 대죠. 하지만 그런 사람은 시간이 펑펑 남아 백수로 지내도 취미를 발견하지 못할 사람이거든요. 그런 사람들은 인생의 재미를 찾으려 하지 않았던 거 같아요. 아님 스스로 어떤 사람인지 자아에 대해 둔감하든가, 아닌가요?" 그 자리에 있던 사람들은 모두 고개를 끄덕이며 수긍했다.

그리고 P 대학의 학장님은 너무 모범생 같은 스타일이라 딱히 취미를 떠올리기가 쉽지 않았다. 그런 그가 밝힌 취미는 놀랍게도 가죽공예였다. 처음엔 그냥 자기가 쓸 서류 가방이나 만들어보자고 시작했는데 점점 기술도 늘고 디자인 감각도 좋아졌다고 했다. 이제는 친한 지인들에게 이니셜을 새긴 특별한 명함지갑이나 동전지갑을 만들어 선물하는 것이 일상의 큰 즐거움이 되었다고 한다. 나이 들어 퇴직하게 되면 본격적으로 시작해보고 싶을 만큼 좋아하는 일이 되었다고 덧붙였다.

한때 미술학도를 꿈꾸었다던 로펌 대표는 지금도 2년에 한 번씩은 조촐하게 개인전을 열만큼 그림에 열정적이다. 성공한 사람들이라고 해서 대단한 취미를 갖고 있는 건 아니다. 하지만 분명한 건 자신이 뭘 좋아하는지를 잘 알고 그걸 할 때 행복하다는 사실을 알고 있다. 자신을 행복하게 만드는 인생의 재미를 놓치지 않는 멋진 사람들인 것이다.

이렇게 취미예찬론이 펼쳐지는 가운데 유독 말없이 듣기만 하던 중소기업 대표가 있었다. 다음 날 전화를 드렸더니 좋은 공연에 초대해주어서 고맙다는 인사의 말과 함께 삶을 멋지게 즐기며 살고 있는 사람들도 많은데 왜 난 그런 사소한 일상의 재미들을 놓치고 살았을까 하는 생각이 들었다는 것이다. 공연 내내 머리에 떠오르는 단어는 '재미'였다고 한다. 그동안 노는 친구들을 한심하다고 여겼는데 어제 생각해보니 그 친구들이 잘못된 것이 아니라 자신이 문제였다는 것이다. 그래서 자기반성의 시간도 되었다고 했다. 좋은 걸 좋다고, 재미있는 걸 재미있다고 말하는 게 얼마나 중요한지 알게 된 시간이었다는 말을 남기며 다음 공연에도 꼭 초청해달라는 말과 함께 전화를 끊었다.

대부분의 사람들, 특히 젊은 사람들은 목표를 향해 질주한다. 누가 빨리 달리나 내기를 하는 것처럼, 하나뿐인 목표물을 남에게 빼앗길 수 없다는 듯이 앞만 보고 달린다. 경주마가 아닌데도 스스로 눈을 가리고 세상이 휘두르는 채찍을 맞아가며 성공하겠다는 일념 하나로 달린다. 우리 이전 세대는 더 그랬고 우리 세대도 다름없이 답습하고 있다.

우리 다음 세대는 어떤가. 경제성장과 부모 세대의 교육으로 훨씬 더 나은 삶을 살 수 있어야 하지만 현실은 그렇지 않다. 더 치열해진 경쟁으로 점점 더 피폐해지고 각박한 환경에서 자신을 돌볼 여유가 없다. 남을 이겨야 자신이 산다는 절박함으로 스펙 쌓기에 열중이다. 봉사도 스펙의 일부분으로, 여행이나 취미생활도 자신의 스펙의 일환으로 접근하기에 즐거움을 온전히 만끽할 수가 없다.

성취감을 느낄 여유도 없이 또 다른 스펙을 쌓기 위해 정진해야 한다. 사회적으로 성공하고 경제적으로 부를 일군 사람들이라고 해서 다를 게 없다. 그들이 진정으로 자신이 원하는 삶을 살기는 어렵다. 막중한 책임과 부담은 그들을 한시도 가만히 내버려두지 않는다. 그들의 일거수일투족은 사업과 관련이 있거나 비즈니스 관계에서 이루어진 것들이 많다. 골프, 음악회, 식사 등등. 하다못해 책 한 권을 읽더라도 시장을 알아볼 수 있는 도서나 경영 전략에 관한 책을 읽는다. 일정 부분 이해도 가지만 훗날 자신들의 삶을 반추해본다면 분명히 아쉬운 부분이 있을 것 같다.

이는 노년이 되어 일선에서 물러난 뒤에야 그동안 자신이 미루어놓았던 취미활동을 하면서 활력을 되찾은 이들이 증언하고 있다. 그들은 하나같이 젊었을 때 좋아하고 하고 싶었던 일을 외면하고 성공을 위해 달렸던 자신들의 과거를 안타까워했다. 가장 아름답고 열정적인 시기를 즐기지 못하고 과도한 경쟁과 성과주의에 집착했다는 것이다. 그 결과 남는 것은 성공이 가져다준 성취감이지만 이마저도 특별히 기억해주는 이가 없고, 흐르는 시간 속에 퇴색되고 있다고 했다. 그런 자신에 대해 "열심히 살았지만 잘 살았다고는 말할 수 없다."라고 고백하는 것이다.

시간을 잘 안배해보자. 시간이 없다고 즐겨하던 취미를 접을 것이 아니라, 세상을 향한 호기심을 넓힌다는 의미로 취미를 활성화시켜보는 것이다. 모든 경험은 자기에게 어떤 방식으로든 작용을 한다. 세상에 관해 다양한 관심을 갖는 사람일수록 더 많은 행복을 느낀다. 그래서 자신이 좋아하는 대상과 시간을 늘려가는 게 취미 생활이 아닐까. 마음의 여유와, 자신의 감정과 기쁨을 소중히 여기기에 시간을 할애하고 자신의 감성을 채우는 것이다. 자신을 사랑하는 것과, 일에 대한 즐거움을 더해주는 일이다.

"어떤 취미를 갖고 있나요?"라는 질문에 자신의 취미를 당당하게 말할 수 있는 사람이 되자. 그것이 상대의 호기심을 자극할 수 있거나 유대감을 형성할 수 있는 좋은 소재가 된다. 성공한 사람들과의 만남의 자리에서 취미로 인해 인맥이 형성될 수 있고, 공유하는 시간을 유쾌하게 보낼 수 있다. 21세기는 재미를 추구하는 사람이 성공하는 시대, 즐기는 사람이 이기는 시대다.

03

오늘을 공들여 살고 10년 후를 꿈꿔라

온난화로 지구가 몸살을 앓고 있다. 북극의 빙하가 녹는다는 뉴스는 이제 새삼스럽지도 않다. 먹이를 찾아 헤매는 비쩍 마른 북극곰의 영상은 안타까움만 더해준다. 투발루는 가라앉아 사람이 살 수 없는 섬이 되었고, 멸종 위기 동물은 늘어만 간다. 여름은 타는 듯이 더워지고 겨울엔 눈이 내리지 않는다. 사막에 눈이 내리는가 하면 폭우와 폭설 등 이상 기온이 지구 곳곳에서 나타나고 있다.

그런데 이를 접하는 우리네 마음은 어떠한가. 모두들 미래 지구의 환경에 대해 걱정은 되지만 "내가 뭘 어떻게 하겠어."라는 심정 같다. 반면 긴급뉴스로 날아드는 작렬하게 내리쬐는 태양빛에 초여름인데도 수은주가 30도를 육박한다는 뉴스가 더 겁나는 실정이다. 때맞춰 매스컴에서는 각종 휴가 정보와 홍보를 쏟아낸다.

"올여름 휴가는 어디를 다녀올 생각이세요? 준비는 잘 되고 있으세요?"

A 컨설팅 L 대표에게 여름 휴가계획을 물었다. 대답 대신 L 대표는 빙그레 웃기만 하더니 내게 반문했다.

"자, 당신은 지금 시간여행을 할 수 있는 타임머신을 타고 있어요, 두 가지 버튼 중 하나를 선택할 수 있습니다. 지금부터 10년 전 과거로의 이동, 10년 후 미래의 이동 과연 어떤 버튼을 누르시겠어요?"

평소에도 약간은 엉뚱하다고 생각했던 L 대표였기 때문에 질문 자체가 놀랍지는 않았다. 다만 내가 어떤 선택을 해야 할지 고민에 빠졌다. 잠깐이지만 꽤나 심각하게 10년 전의 기억들을 소환했다. 안타까웠던 기억, 가슴 아팠던 기억, 즐거웠던 기억들이 모두 엉켰다가 이내 아련하게 미소 짓고 있는 내 모습이 보였다.

그리고 미래의 모습은 우선 딱히 떠오르는 게 없었다. 좀 더 솔직히 말하면 두렵기도 했다. 열지 말아야 할 판도라의 상자를 여는 느낌이랄까. 미래를 확신할 수 없다는 생각에 당혹감마저 들었다. 복잡한 내 마음이 보였는지 대표는 대부분의 사람들이 과거로 돌아가는 선택을 한다고 했다.

"사실 과거는 일생의 후회로 남아 있는 부분을 되돌려보고 싶기도 하고, 어긋난 기회를 바로 잡고 싶기도 하죠. 또 안타까운 인연이 있다면 다시 만나고 싶기도 하겠죠? 그러나 미래는 겁나죠. 바로 그 두려움 때문에 아예 외면하고 싶게 만들죠. 어떻게든 되겠지 뭐, 생각하고 고민해봤자 어디 인생이 계획대로 되나 이렇게 위안을 하면서 말이에요." L 대표는 숨을 고르더니 꽤나 심각하게 덧붙였다.

"그런데 중요한 건 두려움을 대하는 자세인 것 같아요. 사실 우리는 여름휴가를 계획하는 데는 꽤 많은 시간을 써요. 아무리 바빠도 틈틈이 시간 날 때마다 관련 여행 책자도 보고 다른 사람의 블로그도 참고하며 즐겁게 계획을 세우잖아요? 첫날은 뭘 하고, 둘째 날은 뭘 먹고, 돌아오는 날 비행기 출발시간까지 고려해서 꼼꼼하게 동선을 짜지요. 왜 그럴까요? 모처럼 시간과 비용을 투자해서 간 여행을 망칠까 봐 걱정해서 아니겠어요?" 나는 즉시 반론을 제기했다.

"그렇지만 여행의 묘미라는 것도 있잖아요, 계획된 삶에서 벗어난 자유로움 같은 것도 여행의 이유가 되기도 할 것 같은데요?"

"그렇죠. 하지만 잘 준비한다고는 해도 계획대로 절대 100% 되지는 않죠. 완벽한 정보도 없고 현지 사정은 더 통제가 힘드니까요. 중요한 건 어떤 그림을 그리려고 하느냐, 비전의 필요성을 느끼고 있느냐의 문제인 것 같아요. 몇 개월 후의 여름휴가에는 시간 아까운 줄 모르고 공을 들여 계획을 세우면서도, 정작 두려운 10년 후 20년 후에 대한 계획에는 여름휴가 계획보다 적은 시간을 들이고 있으니 말이에요.”

나는 허를 찔린 듯했다. 구체적으로 미래의 그림을 그려보지 않았기 때문이다. 당장 오늘을 사는 데 급급했다. 하지만 성공한 사람들은 달랐다. 자기가 원하는 10년 후의 모습을 상정해 놓고 세부적인 계획을 세워 추진하고 있었다. 당연히 성공의 척도도 달랐다. 물론 현실이 아니기에 수정의 연속이고 인생이 계획한 대로 살아지는 것도 아니다. 그렇기에 수시로 점검하고 수정하는 셀프 피드백 시스템이 필요하다. 장기계획의 중요성을 알아야 한다.

“성공하는 사람들은 남보다 세밀한 생각을 하기보다는 남들이 고민하고 망설일 때 일단 해보고, 아니면 방향을 수정하는 사람들이었어요. 그 과정에서 통찰을 얻었던 거예요. 인생이란 절대로 해보기 전에는 잘 알 수 없는 법이니까요. 몇 년 후에 할 수 있는 일 말고, 지금 당장 할 수 있는 일로요. 처음엔 열 가지를 채우기도 힘들 걸요? 저의 시작은 은행의 적금을 드는 일이었어요, 유학비용을 마련해야 했으니까요.”

계획을 잘 세운다는 말의 의미는 하루를 빠듯하게 쉬지 않고 일한다는 의미가 아니었다. 운명에 맡기며 어떻게든 되겠지 하는 마음을 거두고, 스스로 5년 후 10년 후에 대한 그림을 그려보는 플래닝이다.

자신이 세운 계획에 맞춰 하루하루를 산다면 나아가고 발전하는 자신을 보게 될 것이다. 뿌듯함은 보너스로 받는다. 이렇듯 성장하는 자신을 지켜보는 과정은 선순환을 불러온다. 또한 현실에서 불만족스러운 부분이나, 실패를 대하는 태도도 조급해하지 않고 10년이라는 큰 틀에서 접근하기 때문에 의연할 수 있다.

누구나 발등의 불은 잘 끌 수가 있다. 하지만 성공한 사람들은 발등의 불은 털어내되 시선은 멀리 둔다. 그리고 자기 인생의 중요한 일들에 대해 고삐를 늦추지 않는다. 현재를 살고 있지만 미래의 영광을 꿈꾸는 것이다.

오늘 당신이 종이컵 하나를 아끼고, 가까운 길을 걸어갔다고 해서 지구환경이 나아지지는 않는다. 겨우 며칠 실천하고서 그 효과에 대해 논할 수는 없다. 우리 삶도 마찬가지다. 당장은 미래를 위한 당신의 투자가, 도전이 미미하고 효과는 불투명할 수 있다. 당연히 그럴 것이다. 그렇다고 포기하면 안 된다. 의미 있는 하루하루를 쌓아보자. 미래가 가까워 올수록 당신의 진가가 드러난다.

04

아껴야 하는 것은 돈이 아니라 시간이다

고대 그리스인들은 '크로노스(물리적 시간)'와 '카이로스(특별한 시간, 기회)' 두 가지로 시간이 존재한다는 걸 알고 있었다. 누구나 쓸 수 있는 하루 24시간은 크로노스다. 이 크로노스를 의미 있는 기회의 시간으로 만들어간다면 카이로스의 시간이 된다. 바로 삶을 변화시킬 수 있는 운명의 시간이다.

카이로스는 특이한 머리 모양을 하고 있다. 앞머리는 숱이 많지만 뒷머리는 대머리다. 발에는 날개 달린 신발까지 신고 있어서 카이로스를 잡으려면 그 앞머리를 낚아채야 한다. 기회는 지나가버리면 잡고 싶어도 뒷머리가 없어서 잡을 수가 없다. 누구에게나 기회는 찾아오지만 아무나 잡을 수 없다는 것을 의미한다. 그래서 카이로스의 시간이란 '기회의 타이밍'이다.

시간에 대한 관념은 사람마다 다르다. 똑같은 제품을 가까운 편의점에서는 1만 원에 팔고, 20분을 걸어가야 하는 대형마트에서는 8천 원에 판다면 보통은 2천 원을 아낀다고 20분을 걸어간다. 시간이 더 걸리더라도 저렴한 물건을 택하는 것이 이익이라고 여기는 까닭이다. 과연 그럴까? 정반대의 선택을 하는 사람도 있다. 그들은 돈보다 시간을 더 중요하게 생각하는 사람들이다. 아무리 돈이 많아도 하루 24시간 이상을 사용할 수 없음을 안타깝게 여긴다. "동짓달 기나긴 밤, 한 허리를 잘라내어 필요한 중요한 순간에 굽이굽이 꺼내 쓰고 싶다."라고 말한 황진이의 시조처럼 시간을 사용하고 싶어 한다.

부자들은 시간을 돈으로 살 수 있기를 바란다. 실제로 시간을 살 수 있는 데에는 기꺼이 돈을 지불한다. 이렇게 산 시간을 효율적인 곳에 쓴다면 남는 장사라고 생각하는 것이다. 눈앞의 돈만 보는 것이 아니라 효용의 극대화를 꾀한다. 시간이야말로 그 어느 것보다 귀하다는 사실을 누구보다도 잘 알고 있기에 자투리 시간이라도 소홀히 하지 않는다. 마찬가지로 짧은 시간이라도 절약하려고 노력한다. 부유층을 대상으로 한 컨시어지 서비스는 그들에게 시간을 벌어주는 것이 기본이다.

컨시어지 서비스는 최상위 VVIP 신용카드 회원을 위한 핵심 서비스이기도 하다. 컨시어지는 프랑스에서 유래된 말로, 중세시대 성을 지키며 초를 들고 성을 안내하는 사람인 'le comte des cierges(촛불관리자)'에서 나왔다. 최근에는 개인비서처럼 손님이 필요한 정보 및 모든 서비스를 총괄적으로 제공하는 서비스로 그 의미가 확대되고 있다.

호텔에는 클럽 층 혹은 이규제큐티브 플로어라고 불리는 곳이 있다. 클럽 층에 있는 객실이라고 해서 일반 객실보다 더 넓은 것도 아니고 고급스럽지도 않다. 침대, 책상 간단한 의자가 있는 객실의 구조다. 그럼에도 부자들이 클럽 층을 선호하는 데에는 이유가 있다.

우선 클럽 층만의 전용 프런트가 따로 있다. 신속하게 체크인, 체크아웃 서비스가 제공되기 때문에 불필요하게 기다리느라 시간을 낭비하지 않아도 된다. 또 항시 대기 중인 직원을 통해 비서 서비스를 받을 수 있어 업무처리가 용이하다. 세계 곳곳을 누비며 시시각각 업무처리를 해야 하는 이들을 위한 배려이자 1초의 시간도 허비하지 않으려는 이들에게 심리적 안정감을 주기 위한 호텔의 계산이다.

쇼핑대행 서비스도 같은 맥락이다. 선물을 많이 하는 고객들을 위해 고안해낸 서비스다. 선물이란 게 직접 골라 마음을 전달하는 데 의미가 있지만, 선물을 고르는 데 시간을 할애할 수 없는 고객을 위해 상대의 특징을 전해 듣고 맞춤형 선물을 골라주는 서비스다. 업무적 관계에서의 선물을 할 때는 비서나 관련 직원을 통해 연락이 오지만, 직접 챙겨야 하는 사람에게 선물을 할 때는 고객이 직접 전화를 해서 특별한 주문을 하기도 한다. 쇼핑대행 서비스의 만족도는 아주 높다. 그들에게는 부족한 시간을 아끼는 수단이자 효율을 극대화할 수 있는 선택인 것이다.

시간의 활용 면에서 만큼은 그야말로 개별적 접근이 중요하다. 주어진 시간 안에서 어떻게 살 것인가, 무엇을 위해 살 것인가를 오래 고민해야 한다. 지금 당장 처한 환경에서 벗어날 길만 모색하지 말고, 자신이 뻗어나갈 방향을 찾아 끝없이 더듬거리고 가장 행복하고 의미 있는 길을 찾아야 한다. 이때 누군가의 유혹이나 달콤한 말에 현혹되지 말아야 하는데 이유는 아주 단순하다. 당신의 시간을 그 사람에게 내주는 꼴이 되기 때문이다.

자기만의 인생 공략법을 찾아 적절하게 시간을 안배하고, 관리하고, 활용해야 한다. 사람은 천년만년 살지 못한다. 하지만 우리는 하루를 천년만큼 길고 값있게 살 수는 있다. 무의미하게 흘려보내는 시간을 내 삶에 깊은 의미를 남길 수 있는 시간으로 만들면 된다. 이런 시간을 살기 위해선 시간을 그냥 흘려보내는 것이 아니라 끊임없이 나의 삶에 의미를 부여할 줄 알아야 하는 법이다. 24시간 안에서 단 1분도 내 대신 살아줄 사람이 없다는 사실을 기억하자.

05

재능을 꽃 피우는 것은 성실함이다

내게 성실이라는 단어는 별로 매력적이지 않다. 현실에 순응하는 착하고 노력하는 이미지 같지만 뒤집어 생각하면 재능 없는 사람이 그것을 만회하기 위해 답답하리만치 인내하며 임무를 수행하는 것처럼 보이기 때문이다. 그런 내 오해를 불식시키고 관점을 바꿔 놓은 책이 있다. 메이슨 커리의 《리추얼》이다. 이 책은 이제까지 성실함에 가졌던 내 편견을 뒤집어 '성공을 부르는 단순하지만 변할 수 없는 진리'로 인정하게 만들었다.

이 책에서는 지난 400년간 위대한 창조자로 꼽히는 과학자, 예술가 등 창작자 161명의 하루를 보여준다. 그들은 하루하루의 일상을 매우 숭고하게 생각하며 매일 의식과도 같이 꼭 행하는 일들이 있다. 그들이 자기 분야에서 성공한 비결은 오랫동안 같은 일을 꾸준히 해온 결과라고 해석한다. 그들은 재능이나 영감으로 승부했던 것이 아니다. 어렵고 힘든 일이라도 의식적으로 반복하다 보면 점차 힘들이지 않고도 자동적으로 처리하게 된다.

윌리엄 제임스는 "모든 일을 시작할 때 매일 새로운 결정을 해야 하는 사람처럼 가련한 인간은 없다."라고 말했다.

똑같은 일과의 반복은 일종의 최면효과를 발휘한다. 그래서 규칙적인 일상에서 꾸준히 자기 일을 할 때 큰 성과가 나올 수 있다. 단순한 삶과 규칙적 작업이 만성 불안감마저도 해소할 수 있다고 한다. 일정한 시간에 반드시 산책을 했다는 일화로 유명한 칸트가 이를 증명한다. 하루키는 매일 새벽 3~4시에 일어나 일정한 분량의 소설을 썼고, 자화상으로 유명한 사진가 척 클로스는 "영감을 찾는 사람은 아마추어이고, 난 그저 일하러 갈 뿐이다."라고 말했다.

그들의 말을 빌리자면 꾸준한 일상, 습관이 되어버린 일상에서 창의력 상상력도 발현된다는 것이다. 사소하고 단조로운 반복으로 보이지만 자신이 의미 있는 존재로 확인되는 것이다. 삶의 의미는 올림픽 메달 수여식 같은 대단한 세레모니를 통해 얻어지는 것이 아니다. 반복되는 일상에 진정한 삶이 있음을 일깨운다.

펜실베이니아대학 앤젤라 더크워스 교수는 그의 저서 《그릿》에서 이와 비슷한 내용을 강조했다. 어릴 적 똑똑함에 집착하는 아버지로 인해 상대적 열등감에 시달린 그는 성공한 사람들은 과연 어떤 점에서 남들과 달랐는지를 추적했다.

우리가 천재적 재능을 가진 사람들에게 가졌던 인식은 그가 남다른 소질을 타고났거나 월등한 환경과 든든한 배경에서 자랐을 거라고 생각한다는 것이다. 그런데 아이러니하게도 그런 것들은 극히 일부분을 차지했을 뿐이고 훨씬 공통적 요소로 중요한 비중을 차지한 것은 바로 '그릿'이었다는 것이다. 바로 '열정적인 끈기의 힘'이다.

그가 지적한 것처럼 우리는 타고난 재능을 신비화하는 경향이 있다. 그래서 모차르트를 향한 살리에르의 열등감에 공감하고 베토벤과 고흐의 천재성에 감탄한다. 하지만 이것은 자신이 성과를 내지 못한 것에 대해 면죄부를 주는 것일 수 있다. 열심히 했지만 성공하지 못한 것은 타고난 재능이 없었기 때문이라는 마음 편한 핑곗거리가 될 수 있으니 말이다.

이 얼마나 치졸한 변명인가. 그들만큼 자신이 노력했는지, 집요하게 매달렸는지, 끈기를 가지고 노력했는지를 따져보지 않고 그저 자기 책임을 면하려는 수단으로 사용했으니 말이다. 다시 말하지만 당신이 인식하지 못한다면 당신의 타고난 재능은 발휘되지 않은 잠재력에 그치고 만다.

"구슬이 서 말이라도 꿰어야 보배다."라는 속담처럼, 재능이 성공으로 이어지려면 반드시 그 재능을 꾸준하게 갈고 닦아야 한다. 그렇지 않다면 순간 반짝이는 재능으로만 머물러 있게 된다. 한여름 밤 폭죽처럼 한순간 화끈하게 타올랐다가 사그라지는 열정을 경계해야 한다. 한순간의 열정이 우리의 삶 전체를 환하게 만들 수는 없다. 열정을 발견하는 것은 겨우 시작일 뿐 그 열정을 지속적으로 발전시키고 평생에 걸쳐 키워야 한다. 단순한 호기심으로 용솟는 당신의 열정이 목표에 도달할 때까지 꾸준하게 유지하고 이끌어야 한다.

우리가 인정하는 사회적으로 성공한 전문가, 부자들도 자기가 무엇을 잘하고 좋아하는지 정확히 알기까지는 상당한 시간이 걸렸다고 한다. 실패를 밥 먹듯이 하면서도 성실하게 자신의 길을 간 경우가 많다. 자신의 실패에 낙담하지 않고 끊임없이 자신이 성과를 낼 수 있도록 방법을 찾았다. 그들 모두는 단 한 번의 도전에 성공을 거머쥐지 않았다. 남의 떡은 커 보이고, 남이 하는 일은 쉬워 보이는 법이다. 남들과 비교하지 말고, 남들이 하는 일에서 시선을 거두고 자신을 바라봐야 한다. 자기에게 집중해서 할 수 있고, 하고 싶은 일, 잘할 수 있는 일을 찾아야 한다.

관심이 있던 분야라고 할지라도 좋아하는 마음이 갑자기 생기는 것은 아니다. 한동안 그곳에 시간과 정성을 쏟아보고 어느 정도 일을 해봐야 알 수 있다. 직접 경험해보기 전에는 알 수 없는 문제들과 맞닥뜨리면서 살펴보아야 한다. 그럼에도 내가 즐거이 할 수 있다고 판단된다면 그 일을 선택함에 머뭇거림 없어야 한다.

성실함은 답답하게 묵묵히 일을 감내하는 것이 아니다. 자기 안에 있는, 좀처럼 발동이 걸리지 않는 몸과 정신을 끌어올리고 재능과 소질에 맞춰가는 과정이다. 어떤 일이 주어졌을 때 겁내고 주저하거나 몸을 사리기보다는 일단 시작해보자. 성과 없이 실패할 수도 있다. 그럴 때 좌절하거나 실망하지 말고 다시 튀어 올라 다른 일을 할 수 있도록 스스로를 격려하자. 결국 성공은 성실한 사람에게 돌아간다. 이는 동서고금을 막론한 진리다.

06

스스로 물을 빨아들이는 나무가 튼튼하다

성공한 사람들을 깐깐하다고 말하는 이유는 쉽게 남을 믿지 않기 때문이다. 그들은 자신의 힘으로 생각하고 납득이 가야만 신뢰한다. 아무리 성공이 보장된 길이라 할지라도 왜 그 길을 가야 하는지 모른다면 가지 않고, 남들보다 빨리 가기 위해 무턱대고 뛰지도 않는다. 그들은 태산을 옮길 수 있는 길은 한 삽부터 떠내는 진지함이라는 것을 알고 있으며, 큰일을 도모하는 데는 시간이 필요하다는 사실도 잘 알고 있다.

우리도 어떠한 일을 도모하든지 스스로 생각할 시간을 충분히 가져야 한다. 그렇지 않으면 위험해진다. 주위의 상황에 떠밀려 생각하는 것을 포기하는 사람은 남들이 정해 놓은 매뉴얼대로 살게 된다. 자신에게 판단 근거가 없으니 누군가 시키는 대로 하고, 하라는 대로 하면서 사는 것이다. 누가 리드하느냐에 따라 위험부담은 줄일 수 있지만 결코 자신의 뜻이 아니기에 삶의 만족도가 없다.

우리는 양면성을 가지고 있다. 사람들에게 인정받으면서 존재감을 드러내고 싶은 반면 아무도 없는 곳에서 조용히 혼자 지내고 싶어 한다. 두 상황을 적절히 즐기면 좋겠지만 사회생활을 해야 하는 상황이니 열심히 뛰며 자신을 드러내기에 급급하다. 그래서 원하고는 있으되 현실적으로 이룰 수 없는 나 '혼자'의 시간을 동경하기도 한다.

'회사'라는 공간은 사무실에 앉아 있기만 해도 힘들게 느껴진다. 하는 일로써 월급을 받는 만큼 존재를 증명해내야 하는 피곤한 장소다. 해야 될 일도 많아 정신없이 바쁠 때는 그래도 덜 피곤을 느낀다. 한차례 폭풍과도 같은 일들이 몰아치고 나면 정신이 혼미해지고 기운이 모두 소진돼 퇴근할 시점이 되면 그야말로 맥 빠진 사람이 되고 만다.

우리를 말라가게 하는 것은 과도한 업무, 편협한 주위의 시선, 성과에 대한 실패와 좌절이다. 우리가 발을 딛고 서있는 사회는 위태롭고 불완전하다. 당신 스스로 느끼고 있지만 마땅히 손 쓸 방법을 모르고 있는 것이다. 얼마나 고되고 힘들게 현실을 유지하고 있는지 자신은 안다. 위안과 응원이 절실하다는 것도 알고 있다. 그럴 때면 누구의 방해도 받지 않고 내 마음을 탈탈 털어내어 종이에 모두 꺼내보자. 꾸역꾸역 담아두고 외면했던 감정들을 종이 위에 다 써 놓고 보면 의외로 복잡하지 않는 경우가 많다. 풀어 놓은 단어들 사이에서 자신을 지배했던 분노와 불안의 원인들이 보이기 시작한다.

자기 마음을 자기가 가장 잘 안다고 생각하기 쉽지만 절대 그렇지 않다. 왜 자꾸 화가 나는지 왜 그 사람만 보면 미운지 모르는 경우가 많다. 평정심을 유지하고 싶지만 석연치 않은 감정에 걸려 넘어지는 까닭조차 모른 채 오늘을 산다. 이때 절실한 것이 자기만의 시간이다. 일상의 지친 나와 대면하며 용기도 주고 격려해주어야 한다.

평소에 자신도 눈치 채지 못했던 감정을 자꾸 들여다봐야 한다. 어릴 때부터 가졌던 열등감으로 인해 아직까지 대하기가 편치 않는 사람이 있는지, 나의 결핍으로 친구를 질투하고 외면한 적은 없는지 찬찬히 자신을 돌아보면 숨겨져 있던 자아가 보이고 그것에 맞설 수 있는 용기가 생긴다.

자신을 이해하는 과정을 통해 타인에 대한 이해의 폭도 넓어진다. 당시에는 미처 헤아리지 못했던 상대의 마음이 보이고, 감정이 읽힌다. 사건의 시간이 흐르고 감정이 정리되면서 '아 나만 그런 게 아니었구나.'라고 자연스럽게 역지사지로 생각해보게 된다. 그때 이해할 수 없었던 상대의 감정에 공감하는 자신을 만나기도 한다. 의도하지 않았지만 다른 사람들에게 내가 이해되지 못하는 사람이었다는 걸 느낄 수도 있다. 나도 모르게 상처 준 말을 해버린 것 같아 미안한 사람들의 얼굴이 떠오르기도 한다. 이제라도 알게 되어 참 다행이라는 생각이 들기도 하고, 되돌릴 기회를 얻었다는 것에 안도하기도 한다. 성공한 사람들이 너그러워 보이는 것도 이러한 훈련에서 연유되었다. 그들은 자신을 다스릴 줄 안다.

어떤 분야에서건 자기 분야에서 성공을 이룬 사람들은 혼자만의 시간을 잘 이겨낸 성숙한 사람들이다. 자기 내면에 있는 불편함과 모순을 알고 덜어내는 시간을 가진 사람으로 자신의 목표에 집중한 것이다. 자신을 비우고 채우는 과정에서 작은 것에 일희일비하지 않고 넓은 시선을 유지한 결과다.

자신을 다스리기란 말라 죽어가는 나무를 되살리는 것만큼 어렵다. 시간을 두고 자기에게 애정을 쏟아야 한다. 긍정적이고 따스한 시선으로 자신을 감싸주어야 한다. 때로는 과감하게 자신을 골방에 가두자. 외부로 향하는 문을 걸어 잠그고 온전한 나 자신과 마주하며 자신을 격려해보자. 잘못한 부분에서는 질타도 하며 개선책을 찾아보는 것이다. 남들이 말라가는 자신에게 물 한 방울 떨어뜨려줄 것을 기대하지 말고, 자기 스스로 물을 빨아들여 자생력을 키우는 것이 살아남을 수 있는 길이다.

PART 5

열정

보편적 가치에 자신의 가치를 더하라

우리가 살아가면서 추구해야 할 가치가 있다. 그중 하나를 꼽으라면 '열정'을 꼽겠다. 열정이 얼마나 사람을 변화시키는지 그 위력을 알기 때문이다. 목표를 가지고 도전하면서 자기를 발견하고 성장을 도모할 수 있다. 도전을 방해하는 두려움과 싸워서 이기고, 과도한 욕망이나 성급한 감정을 절제해야 한다. 조급한 상황판단도 금물이다. 성공은 소신에 따른 자기관리와 자기계발에서 시작된다.

01

조언을 구하되 맹신하지는 마라

90년대를 풍미한 청춘스타 S씨의 인기는 대단했다. 그런 그이지만 10년쯤 후 VVIP카드를 발급받으려다가 퇴짜를 맞고 불편한 심경을 트위터를 통해 드러낸 적이 있다. 그는 연예인의 입회기준인 3회 이상 수상경력이 있어야 가능하다는 기준에 대해 언급했다. 까다로운 조건이야 이해하지만 모호하다는 것이다. 여하튼 카드 회사의 대표까지 나서서 서운함을 달래려 했고, 결국은 연예인 기준이 아닌 중견기업 오너의 자격으로 카드를 발급받았다.

VVIP카드를 운영하고 있는 카드사의 사정은 비슷하다. 2년여를 끈질기게 가입하게 해달라고 조르는 영화배우가 있었다. 아직 그 정도의 인지도는 안 된다고 판단해서 거절했다. 담당부서에서 거절을 당해도 쉽게 포기하지 않았다. 다른 부서의 임원, 심지어 그룹사의 임원을 통해서까지 기업 홍보 등을 약속하며 집요하게 가입을 요청했다.

그에 비해 영화배우 H씨는 좀 달랐다. VVIP 멤버십은 회원 추천이 있으면 가입이 가능한 경우도 있다. 그런데 직접 본인이 전화를 했다. 주변 지인이 갖고 있어서 알게 되었다는 것이다. 어떤 카드인지 안내해줄 수 있느냐고 했다. 본명만을 밝히고 통화를 했기에 처음 통화한 직원은 그가 누구인지 전혀 알지 못했다. 원하는 VVIP카드는 발급이 안 될 수도 있다고 했더니 그럼 가능한 카드 내에서 발급해달라고 했다.

영화배우 H씨의 말투는 굉장히 안정적이었다. 대화의 매너가 몸에 익은 사람이었다. 잘나가는 영화배우, 연예인이라는 특권의식은 전혀 찾아볼 수 없는 겸손한 태도가 그를 더 빛나게 했다. 그런 성품을 가진 사람이기에 아버지의 후광을 전혀 업지 않고 연예계 시작을 했겠구나 싶었다. 2세 연예인으로서가 아니라 스스로의 존재감으로 당당하게 서 있는 느낌이었다. 그 무엇보다 자신을 믿고 있는 당당한 여유가 풍기는 멋스러움이 전해졌다. 이런 사람들은 자존감이 상당히 높다. 그렇기에 남의 말에 일희일비하거나 남들이 다 한다고 우르르 따라가 부화뇌동하는 모습을 보이지 않는다.

그는 영화배우, 영화감독으로서만이 아니라 전시회를 통해 화가로서의 재능, 또 최근에는 에세이로 글 솜씨까지 보여주며 진솔

한 일상까지 담아냈다. 이 모두가 중심이 잘 잡힌 그의 내면과 통한다 싶었다.

자신을 믿고 행동하는 성향은 투자하는 데에서도 드러난다. S증권 프라이빗 뱅커 손 팀장과는 함께 진행하는 업무 때문에 미팅할 일이 많았다. 식사를 하며 그가 만난 부유한 자산가들의 투자성향에 대해 물어보았다.

"정말 남의 말 안 듣는 사람들이에요. 절대로 시중에 떠도는 루머를 믿고 투자하지 않아요."

돈이 많다고 과감하게 투자하지 않는다는 것이다. 오히려 더 꼼꼼하게 체크하고 전후사정을 살핀다고 했다. 손 팀장에 의하면 그들은 증권전문가의 말도 100% 믿지 않는단다. 전문가로서 신뢰하지 않는가 싶어 서운할 적도 많다고 했다. 그러면서 오히려 화끈하게 주식을 하는 사람들은 월급쟁이라고 했다. 일단 내지르고 운에 맡기는 투자를 한다는 것이다. 귀도 얇아서 남의 말에도 잘 넘어간다고 했다.

"그들은 자신이 직접 공부하고, 보고 아는 것만 투자하거든요. 어수룩해보이고 아무것도 모른다고 겸손해하지만, 실은 그 기업의 재무제표와 사업계획서 정도는 볼 줄 아는 사람들이죠. 매출은 얼마나 올렸고, 이익은 내고 있는지, 현금 흐름은 어떤지 앞으로의 전망은 어떨지 주의 깊게 살펴요. 매출과 영업이익 경상이익 순이익 등만 파악해도 이런 지표가 지난 1년 전 또는 6개월 전에 비해 늘어났는지 줄어들었는지 확인하는 것이 사실 주식 투자의 첫 걸음이죠. 매출이 늘었다고 해서 반드시 실적이 좋아진 것이 아니고 이익이 줄어든 것일 수도 있잖아요? 또한 순이익만을 놓고 회사 실적을 가늠할 수도 없지요. 영업이익이 늘었는지도 꼭 점검하더라고요."

그들은 절대 '묻지 마' 투자를 하지 않는단다. 아무리 주식전문가가 조언을 해준다고 해도 힘들게 번 돈을 어찌 남의 말만 믿고 투자할 수 있느냐는 것이다.

"손 팀장, 늘 업계 동향도 잘 알려주고 잘 모르는 내게 이것저것 도움을 많이 줘서 감사하게 생각해요. 손 팀장이야 그 상품으로 인세티브도 받고 하겠지만, 내 입장은 좀 다를 수밖에 없지 않겠어요?"

직접적으로 그 말을 들으면 좀 서운하기도 하지만 사실 맞는 말이란다. 투자라는 게 이익이 날 수도 손해가 날 수도 있는 건데 남의 말만 믿고 투자를 해서 손해를 봤다며 원망해봤자 무슨 소용이 있겠냐는 것이다. 스스로 알아가고 공부하고 손해가 나면 거기서도 또 배우고 그렇게 하는 게 사실 맞다고 했다.

전문가를 100% 신뢰해야 하는가 하는 문제는 개인의 판단에 맡기겠다. 그러나 스스로 생각하고 판단해야 하는 것까지 남에게 맡겨서는 곤란하다. 조언을 듣더라도 참고만 해야지 전적으로 의지해서는 안 된다. 아무리 전문가라 할지라도 그가 신이 아닌 이상 속속들이 다 알지 못한다.

물론 시작하는 첫 단계에서는 전문가의 조언이 필요하다. 우리가 책과 인터넷이나 아니면 어떤 매체를 통해 공부했다고 하더라도 그들의 경험과 노하우를 따라갈 수는 없다. 그 점을 인정하고 그들이 하는 말을 새겨들을 필요가 있다. 다만 그들의 말을 잘 듣고 이해했다면 문제풀이 방식에 활용해야지 정답으로 착각하면 안 된다. 그들도 결국 자신의 이익에 따라 움직이는 사람들이다.

성공한 사람의 특징은 다른 건 다 아웃소싱을 주더라도 스스로 생각하고 판단하는 것만큼은 남들에게 맡기지 않는다. 스스로 리스크를 최대한 줄여 최대의 성과를 만들어간다. 예상 수익률도 낮게 잡는다. 짧은 시간에 큰돈을 버는 건 어렵다. 그건 도박판에서나 가능한 일이다. 도박꾼은 부자가 될 수 없다.

02

자기관리에서 패션을 빼놓지 마라

부자의 층위가 다양하듯 그들의 패션도 천차만별이다. 젊음을 송두리째 바쳐 일한 자수성가형 부자들의 경우에는 옷차림에 특색이 없다. 실용성을 추구하여 간편하고 활동적인 옷을 선호하는 경우가 많기 때문이다. 조직생활을 오래한 CEO들의 경우도 비슷하다. 우리네 아버지들이 그렇듯이 부인의 취향에 의해 만들어지는 패션이다.

그러나 어릴 적부터 다양한 경험과 패션 센스를 키워 온 젊은 CEO들은 옷차림에서도 차별화를 꾀할 줄 안다. 브리오니의 클래식 슈트가 잘 어울리는 젊은 투자회사 대표가 그에 해당된다. 그의 말투는 상대방에 대한 배려가 느껴지면서도 자신을 당당하게 드러낸다. 무언가를 요청할 때는 상대방에게 무례하게 느껴지지 않을까 고심한 흔적이 느껴지기도 한다.

그는 상당한 자금을 운용하는 투신사 대표이며 맨스 잡지에 나오는 성공한 CEO로 자신의 전체적인 이미지를 잘 관리한다. 단정한 헤어컷은 세련되지만 유난스럽게 트렌디한 유행을 따르지 않고, 클래식 슈트와 심플한 넥타이는 그가 비즈니스 현장의 룰을 중시하고 있음을 보여준다. 클래식 슈트에 어울리는 파텍 필립 시계 역시 남다른 안목을 보여주는 소품이다. 거기에 프랑스 명품 수제화 벨로티로 마무리까지 완벽에 가까운 코디다. 개인 사물함에는 늘 재킷 두 벌과 넥타이 여러 개를 준비해두고 있다고 한다. 언제 어느 때 급한 미팅이나 면담이 있을지 모르는데 옷차림으로 결례를 범하면 안 되므로 항상 유사시를 대비한다는 것이다.

잘생긴 외모도 아니고 모델처럼 늘씬한 것도 아니지만 그럼에도 불구하고 좋은 인상을 주는 건 이미지 메이킹에 대해 정확하게 이해하고 있기 때문이라고 할 수 있겠다. 그가 패션을 통해 가장 크게 말하고 싶어 하는 부분은 유행을 추구하는 '패셔니스타'가 아니라 함께 일하고 싶을 만큼 매력적인, 신뢰감을 주는 사람이라는 것을 보여주는 것이다.

사람들은 좋든 싫든 자신이 차려입은 옷차림으로 평가받는 경우가 많다. 물론 업무능력은 키우지 않은 채 외모만을 꾸미는 것은 큰 의미가 없다. 그렇지만 업무능력이 남보다 탁월한 데도 겉모습 때문에 마이너스 평가를 받는다면 이 또한 안타까운 일이다. 현재의 직책이나 직위에 어울리지 않는 옷차림을 굳이 고집할 필요는 없다. 자신이 목표로 하는 직위에 어울리는 옷차림이 중요하다.

타고난 외모야 어찌할 수 없다. 하지만 특별히 잘난 외모가 아니더라도 조금만 신경 쓴다면 좀 더 호감 가는 모습으로 보이게 하는 것은 얼마든지 가능하다. 비싼 옷이나 명품 액세서리를 가지라는 것이 아니다. 지금의 위치와 상황에서 자신을 보다 돋보일 수 있는 방법을 찾으라는 것이다.

이 같은 패션 감각이나 색감을 키우기 위해서는 성공하는 사람들이 자주 보는 잡지 속 CEO들의 멋진 모습을 꿈꾸며 스타일을 따라 해 보거나 변주하여 자기만의 스타일을 찾아야 한다. 티셔츠 하나를 고를 때도 대충 입어서 편한 옷이 아니라 자기에게 어울리는 색상의 범위 안에서 디자인된 차별된 옷을 고르면 여러 방식으로 응용해서 입기도 좋고 남다른 패션 감각도 익혀갈 수 있다. 여러 번의 시행착오가 있을 수 있지만 점차 자기를 돋보이게 하는 아이템을 고를 수 있게 된다.

호감 가는 외모 역시 성공과 부를 만드는 데 무시할 수 없는 역할을 한다. 그런 의미에서 외모를 가꾸는 것은 낭비가 아니라 투자인 셈이다. 옷차림 하나에도 자신의 성공과 연결 짓는 태도가 몸에 길들여져야 한다.

요즘은 남자들도 패션의 완성을 슈즈로 생각하는 사람들이 늘었다. 여자들의 모임에서 가방이 이슈가 되듯, 비즈니스 모임 시 신발을 벗고 들어가는 음식점에서 공개되는 슈즈 브랜드에 대한 관심이 여자들 못지않다. 남자의 패션에 있어서 슈트가 절반을 차지한다면 나머지 반은 슈즈가 차지한다고 할 수 있다. 아무리 멋진 슈트를 입었다고 해도 슈즈가 슈트랑 어울리지 않는다면 절대 완벽하게 느껴지지 않는다. 사실 클래식 슈트의 변화 폭은 그리 넓지 않다. 개성을 잘 드러낼 수 있는 건 슈즈와 시계, 안경 등 액세서리라고 할 수 있겠다.

그리고 첫인상이 좋지 않으면 다음 기회 자체가 주어지지 않는 경우가 많다. 아무리 지식과 능력이 출중해도 혼자서는 절대 성공할 수 없다. 주변 모든 만나는 사람이 내 삶에 영향을 줄 수 있기 때문이다. 그들을 소중하게 대하고 호감을 얻어 좀 더 친해지고 싶다면 자신이 바뀌어야 한다. 항상 최고의 예를 다하고 싶은 마음이 옷차림에서도 표현된다는 사실을 잊지 말자.

03

상대와 상황에 따라 카리스마를 조율하라

세상에서 가장 쉬운 일은 나이 먹는 것과 살찌는 일이라고 한다. 물론 체질적으로 마른 체질을 타고난 사람도 있지만 이는 특수한 경우이고 대부분은 먹고 움직이지 않으면 살이 찐다. 나이가 들어갈수록 근육량이 줄어들고 기초 대사량이 낮아지기 때문에 같은 양을 먹어도 체중이 늘 수밖에 없는 것이다.

나이가 들어도 젊은 시절의 몸무게를 유지할 수 있는 방법은 음식량을 조절하거나 운동량을 늘려야 한다는 건 상식이지만 보통의 노력으로는 매우 어려운 일이다. 하루 이틀 바짝 굶고 몇 달 운동한다고 해결되는 일이 아니다. 또한 그렇게 어렵게 감량하고 근육량을 늘렸다고 하더라도 과거와 같은 식습관과 생활태도로 돌아간다면 말짱 도루묵이 된다. 그래서 살 빼는 것과 부자가 되는 것은 비슷한 구석이 있다고 말하기도 한다. 근본적인 습관을 바꾸지 않는다면 힘든 일이다.

편하게 유지되던 일상의 관성을 깨고 습관을 바꾼다는 게 말처럼 그리 쉽지가 않다. 그래서 금연에 성공한 사람, 다이어트에 성공한 사람들과는 상대도 하지 말라는 우스갯소리도 있는 것이다. 관성을 끊어내려면 많은 용기와 유혹을 견뎌내야 하니 그만큼 집념이 강하고 고집도 세다는 말과 통한다. 늦은 밤 치맥의 유혹을 이겨냈고, 운동을 쉬고 싶은 마음도 참아냈다는 말이다. 부자는 돈을 쓰고 싶은 유혹, 나태하게 안주하고 싶은 유혹을 뿌리치고 부富를 이루어냈다.

독하고 냉정하다고 알려진 중소기업 신 대표를 소개해본다. 하루는 VVIP카드 회원을 추천하신다며 담당자 미팅을 요청했다. 평소에도 깐깐하기로 유명한 회원이라 꼭 자기 같은 회원을 추천하나 싶은 생각이 들었다. 그런데 사석에서의 모습은 그 사람이 맞나 싶을 정도로 다른 사람이었다. 추천하는 후배를 대하는 태도에 살가움과 배려가 넘쳐났다. 경제적인 자격기준에는 좀 부족할 수 있겠지만 사회적인 공헌도나 영향력 쪽을 더 봐달라며 자기 일처럼 열심히 지인의 가입을 위해 홍보를 대신했다. 평소 그분의 인상과는 전혀 다른 모습이 무척 뜻밖이었다.

하지만 알고 보니 신 대표의 오랜 고민은 '카리스마'가 없는 것이었다. 어릴 적부터 많이 들어온 말이 "그렇게 너무 물러 터져서 어떻게 큰일을 하니?"였단다. 그는 남들의 말을 거스르지 않고 착하게 사는 걸 최고의 가치로 믿고 자랐다고 했다. 6남매 장남으로 어려서부터 엄격한 부모님 밑에서 착한 아들로서 양보하고 두루두루 아랫사람을 살피는 게 성격으로 굳어졌다는 것이다. 그런데 사회생활을 하다 보니 '착한 사람 콤플렉스'에 걸린 자신을 발견했다고 한다. 그것은 곧 착한 것이 아니라 'NO라고 말할 용기'가 없다는 말이었다. 자신이 하고 싶은 얘기가 있어도 상대방의 기분에 거슬릴까 봐 꾹 참고, 자신이 피해를 본다는 것을 알면서도 상대에게 맞춰주는 일을 계속했던 것이다. 그런데 이렇게 살다 보니 막대한 손해를 입게 되어 더 이상 안 되겠다 싶어서 용기를 냈다고 한다.

"NO라고 할 순간에는 단호하게 NO라고 하기. 처음엔 NO라고 말하는 것이 더 불안했어요, 그 사람이 날 싫어하면 어떡하나 차라리 내가 힘들어도 YES라고 하는 게 훨씬 편할 것 같았죠. 그럴 때마다 내가 되뇌었던 마음은 NO라고 말하는 것이 나의 인간성과 상관없다는 거였죠. 오로지 최상의 결과만을 놓고 생각하는 연습을 했습니다. 내게 딸린 회사 직원들을 생각하자. 뭐 이렇게 의식적으로 생각하려고 노력했어요. 그랬더니 사람이 바뀌더라고요. 마음먹으면 그렇게 되는 게 인간이더라고요. 하하!"

하지만 그의 본성은 모든 곳에서 달라진 모습을 보이는 건 아니었다. 친구들과는 여전히 어린아이같이 노는 걸 좋아하고 복잡하게 따지지 않는다. 업무상 중요한 결정을 내려야 하는 순간에만 냉정하게 그 일만 생각한다는 것이다. 감정에 휩쓸리지 않고 최선의 판단만을 하는 것, 자신의 판단이 직원들에게까지 영향을 미치기 때문에 책임을 가지고 엄격한 입장을 고수한다는 것 등등. 대표이다 보니 회사에서 부득이하게 악역을 맡아야 하는 경우도 많다고 한다. 개인적인 감정이 있어서 그런 게 절대 아니기 때문에 사석에서는 확실하게 오해를 풀고 넘어가는 시간을 꼭 갖는다고 했다.

카리스마는 '신의 은총'이란 뜻의 그리스어에서 유래된 말로, 사람을 끌어당기는 특별한 능력이나 자질을 뜻한다. 막스 베버는 "어느 특정한 사람을 다른 사람들과는 구분되게 하는 특징으로서 비상한 힘과 능력을 가졌다고 사람들이 믿음으로써 생기는 것이다."라고 말했다.

일단 의사소통 능력이 뛰어나야 자신의 카리스마를 보여줄 수 있다. 카리스마를 보이는 지도자는 구성원의 깊은 열망을 이해하고 그것을 실현시키기 위해 헌신할 것이라는 확신을 준다. 여기에는 구성원들의 공감이 필요하다. 신뢰가 기반이 되지 않는 상태에서 카리스마를 보여 봤자 웃음거리만 되고 만다.

카리스마는 상대방과의 조율을 끌어낼 줄 알아야 한다. 누구나 마음속에 지킬 박사와 하이드를 품고 있다. 언제 지킬 박사를 활약하게 할지, 언제 하이드의 그 무자비함을 드러나게 할지는 개인이 판단하고 자신이 컨트롤하는 감정에 달려 있다. 무조건 단호함, 무조건 엄격함, 무조건 철저함만으로 산다면 혼자서 우뚝 설 수 있을지 모르지만 주변에 사람이 없게 된다. 비바람에 쓰러질 때 도와주려는 사람이 없다는 뜻이다.

어느 한 구석에는 예외 없이 온화한 표정과 소탈한 모습이 있어야 사람들을 이끌 수 있다. 양온 전략을 구사하는 것이 처세술이고 승부의 원칙이다. 이를 잘 이용한다면 비즈니스계의 프로가 될 수 있다.

04

절제는 자유로운 삶을 위한 최소한의 속박이다

성공과 절제를 떼어놓고 생각할 수 있을까? 무엇이든 정도를 넘지 않게 조절하고 제한하지 않으면 통제력을 잃어버려 좋은 결과를 내기 어렵다. 유혹을 뿌리치고 자신의 목표에 집중하기란 쉬운 일이 아니다. 모두가 성공을 위해 도전하지만 이루어낸 사람은 극히 적다. 그렇다면 성공의 달콤함을 이룬 사람들은 어떻게 유혹을 뿌리치고 자신의 목표에 집중할 수 있었을까? 절대 유혹에 흔들리지 않는 강인함을 타고난 것일까? 트로이 전쟁의 영웅으로 잘 알려진 오디세우스 이야기에서 그 답을 찾아보자.

트로이의 영웅 오디세우스를 보면 절제력은 타고나는 것이 아니라 '자기 통제'를 통해 길러지는 것 같다. 트로이 전쟁을 마친 오디세우스는 항로를 따라 거친 풍랑을 헤치고 아내가 기다리는 고향으로 돌아가고자 했다. 그런데 그 길목에는 항해하는 선원들을 유혹해 죽게 만든다는 요정 사이렌이 있었다. 사이렌의 아름다운 노랫소리는 사람들을 홀리고, 듣고 있는 사이 자신도 모르게 심취해서 바닷속으로 뛰어들게 만든다고 알려져 있었다.

배가 사이렌 곁을 지나가기 전 오디세우스는 선원들의 귀를 밀랍으로 모두 막았다. 그리고 자신을 돛대 한가운데에 튼튼한 줄로 단단히 묶어달라고 요청했다. 아무리 뛰어난 영웅이라도 사이렌의 치명적인 유혹을 이길 수 없다는 걸 알고 있었기 때문이다. 결국 그와 선원들은 모두 살아남았다. 갈등의 요소들을 원천차단하고 자신의 행동을 통제했기 때문에 가능했다. 자기 통제를 잘하는 사람들은 유혹을 이겨내는 강한 의지를 가진 사람이 아니라, 유혹에 흔들릴 수밖에 없는 자신을 알고 미리 자신을 단단히 단속하는 사람이다.

오늘날 우리는 곳곳에서 다양한 형태의 사이렌 노랫소리를 듣고 있다. 폭음, 스마트폰, 쇼핑, 각종 약물 등이 우리의 그릇된 욕망과 함께 중독으로 스며든다. 지식이 많다고 해서, 부자라고 해서 함정에서 벗어날 수는 없다. 누구나 언제든 유혹에 노출된 환경에서 자기를 통제하지 않으면 빠질 수 있다. 특히 돈이 있고 시간이 자유로운 사람들에게 유혹은 더욱 빛발친다.

한때 인기를 휩쓸었던 아이돌 멤버들의 추락은 절제가 속박이 아닌 자유를 위해서 필요하다는 걸 보여준다. 욕망을 갖는 것 자체가 나쁜 것이 아니다. 욕망에 휩쓸려 자신이 망가지는 줄도 모르고 끌려 다니는 것이 안타까운 일이다.

자기를 절제할 줄 아는 사람만이 이런 유혹에서 자유로운 삶을 살 수 있다. 흔히 사람들은 절제가 무조건 자신의 삶을 옭아맨다고 생각한다. 하지만 그 절제 덕분에 특정한 욕망에 매몰되지 않는다. 마음대로 할 수 있다고 해서 자유로운 인생이 아니다. 진짜 자유란 내 삶을 내 마음대로 통제할 수 있을 때 시작된다. 자신이 정한 기준 안에서 자기 마음껏 생활을 영유하는 것이다. 물론 양심과 도덕에 위배되지 않으면서 남에게 피해를 주지 않는다는 전제조건이 달려야 한다. 그것을 넘어서면 방종이 되어버린다.

결국 인생은 한정된 시간에 자신의 목표에 얼마나 집중하느냐가 성과를 가른다. 자기 삶을 방해하는 요소를 찾아서 기준 이상을 통제하는 것이 관건이다. 자기를 통제할 수 없다면 결국 욕망의 지배에서 벗어날 수 없다. 게임을 그만하고 싶은데 그만둘 수 없을 때, 쇼핑으로 인한 고통을 느끼면서도 멈출 수 없는 자신을 발견한다면 고통스럽다. 그런데 이를 다른 사람이 통제하려 든다면 짜증이 나고 스트레스를 받게 된다. 이것이 지속되면 또 다른 갈등이 생기고 극심한 대립으로 불화를 만들어낸다.

그러므로 통제와 절제는 자기에게서 나와야 힘을 얻는다. 자기만이 철저하게 살필 수 있고 성패의 향방을 정할 수 있다. 다른 사람은 속일 수 있지만 자신은 결코 속일 수 없기 때문이다. 말로는 절제한다고 하면서 행동이 따라주지 않을 때 자기반성을 하며 느슨한 고삐도 다시 움켜쥘 수 있게 된다.

바다가 거친 풍랑으로 가득하듯이 우리의 삶에도 견디기 어려운 유혹이 넘친다. 애꿎은 인내력 없음을 탓하지 말자. 오디세우스 같은 영웅들도 못 해낼 걸 감히 해낼 수 있다고 호언장담하지도 말자. 차라리 자신이 유혹에 약한 존재임을 알고 대비책을 세우는 것이 바람직하다. 자신에게 맞는 방법과 전략을 수립하여 유혹을 견딜 만한 나만의 방법을 치밀하게 세우자. 오디세우스처럼 결박이 필요하다면 주위에 자신이 절제할 내용을 공포하라. 보는 눈이 많아지면 강제적인 통제도 가능하다.

05

작은 성공이 위대한 성공을 낳는다

"천릿길도 한 걸음부터."라는 말을 모르는 사람은 없다. 그러나 천릿길을 가야 한다는 부담감에 아예 시작도 못 하는 사람도 있고, 어찌어찌 반은 왔으나 아직도 반이나 가야 한다는 부담감에 포기하는 사람도 있을 것이다. 어떻게 해야 그 먼 천릿길을 한달음에 갈 수 있을까. 첫째, 목표를 세운다. 둘째, 실천한다. 이 두 가지는 성공의 기본 틀이다. 특별할 것도 없고, 은밀한 비법도 아니어서 크게 와 닿지는 않는다. 하지만 긴 말이 필요 없다. 딱 이 두 가지만 이행하면 인생이 달라진다.

우선 목표를 세울 때는 다이어리를 펼치고 자신의 목표를 적어라. 이루고 싶은 것, 해야 하는 것 모두를 한 단어나 문장에 담아서 크고 높게, 원대한 목표를 적는다.

"성공한 사람들의 특징이 늘 메모하고 계획하는 거라잖아. 나도 이번 기회에 그 통찰을 배우겠어. 새해에는 시간 낭비하지 않고 좀 계획적으로 살아볼 거야."

하지만 문제는 오래 못 간다는 데 있다. 대부분 상반기에 빼곡한 계획들과는 달리 중반을 넘기면 눈에 띄게 빈칸으로 남겨진다. 그러면서 '난 왜 이 모양일까? 계획대로 된 게 없네.'라고 생각한다. 그렇게 자신의 부족한 의지를 원망하고 자책하다 보니 '남들 다하는 걸 난 왜 이리 힘들게 해야 하나.'라고 스스로에 대한 실망만 가득 품게 되고 자존감은 콘크리트 바닥도 뚫을 기세로 떨어진다.

나도 그랬다. 마음만 앞서고 진도가 나가지 않아 힘들 때가 많았다. 그런 나를 직시할 때마다 자괴감마저 들었다. 어떻게 해야 목표를 달성할 수 있는지 답을 알고 있는 데도, 그것이 실천과 연결되지 않을 때는 더 괴로웠다. 꼭 이루고 싶은 간절한 소망이라면 더더욱 힘들다. 이렇게 내 인생은 끝나고 마는 것인가 하는 불안감에 휩싸인다.

나는 불안이라는 감정에 취약해서 한 번 사로잡히면 알고 있는 모든 지식과 상식들이 작동을 못할 정도로 휩싸이고 만다. 그러다 어느 순간 불안정한 자신을 발견하게 되고 당혹스러움을 감추기 위해 상황을 합리화시킨다. '그 일은 처음부터 내게 맞지 않았어.'라고 생각하면 자아비판으로부터 벗어나기는 하지만, 결국 실패하고 말았다는 상실감은 오래간다.

원인은 한 치도 앞으로 나가지 못하는 것에 대한 불만이 초조함을 불러오고 불안에 떨게 한 것이다. 그래서 실패가 예상되는 일은 아예 시작도 하지 않고, 어느 순간 도전 자체를 뭉개버리고 마음에서 지워버린다. 그런데 돌이켜보니 시작부터 잘못됐었다. 완벽주의에서 비롯된 무리한 욕심이었다.

작은 것부터 조금씩이라도 이뤄가는 게 불안에서 벗어날 수 있는 길이다. 이성과 지성, 판단과 내면의 질서가 정상 작동하고 있음을 보여주는 것, 그리고 스스로에게 긍정 사인이 보내는 것이 중요하다. 그럴 때만이 내가 움직일 힘을 얻고 행동력을 갖출 수 있다.

문제는 성공할 수 있는 설계도를 그려야 한다는 것이다. 예를 들어 한 번에 몸무게 10킬로그램을 감량하겠다고 막무가내로 덤비는 것은 내부설계를 마치지 않은 설계도를 가지고 집을 짓겠다는 것과 마찬가지다. 세부적인 계획이나 문제가 될 수 있는 원인을 먼저 발견하고 이를 제거하는 것부터 시작해야 한다. 문제의 원인이 제거되는 것만으로도 소기의 기쁨을 맛보고 자신감을 얻게 된다.

작년 다이어리의 1월 계획을 한번 보자. 올해와 같은 목표가 적혀 있는지, 몇 년간 같은 목표가 지속되고 있다면 작게 아주 작게 크기를 조절해보자. 한 달에 책 두 권 읽기 실천이 쉽지 않다면 한 달에 한 권으로, 그것도 어렵다면 두 달에 한 권으로 바꿔보는 것이다. 작더라도 성공의 기쁨을 맛본 뇌는 그 다음 단계를 이룰 수 있는 힘과 맺집을 키워 갈 수 있다.

한 달에 한 권도 못 읽는 현실을 무시하고 두세 권으로 잡아 놓으면 계획을 잡는 순간만 뿌듯할 뿐 시간이 지날수록 이루지 못한 결심 때문에 스트레스만 쌓인다. 성공의 흐름을 타야 한다. 목표대로 진행된다는 사실이 불안감을 잠재울 수 있다.

읽고 싶은 책 목차를 펼치고 하루 단위로 더 작은 목표를 세우는 것도 방법이다. 하루에 읽어야 할 페이지가 10페이지 안팎이면 도전하기가 더 쉬워진다. '잠들기 전 10분 책읽기'라고 정했다면 타이머를 맞춰두고 읽기 시작해보라. 책의 매력에 빠져 타이머가 울린 뒤에도 계속 읽고 싶은 마음에 목표보다 5분 더 읽었다면 성취감과 더불어 뿌듯함까지 맛볼 수 있다. 이 작은 성공의 경험은 또 다른 성공을 이끌어내는 원동력이 된다.

결국 이기는 사람들, 끝까지 해내는 사람들은 모두 이러한 과정을 통해 이뤄냈다. "상승 대로를 타고 있느냐, 끝없는 열패감의 나락으로 추락하느냐."는 내가 만들어내는 목표의 크기로 조절될 수 있다. 작은 성공의 기쁨을 자주 느끼도록 영리한 계획을 세우는 것이 먼저다.

06

긍정의 기운으로 무장하라

밝고 긍정적인 기운은 성공한 사람들에게서 볼 수 있는 공통점이다. 그들의 말투나 표정, 옷차림에서 우울한 느낌을 주는 사람은 거의 없다. 물론 성공하고 돈이 많으니 그런 표정이 가능한 거 아니냐는 합리적 의심을 건네지만, 사람의 표정이나 매너가 하루아침에 쉽사리 달라지지 않는다는 걸 염두에 둔다면 밝은 에너지가 성공으로 이끌었다고 볼 수도 있다.

자신을 믿는 데서 오는 당당함에 상대방은 기가 눌리기도 한다. 자신감은 긍정적인 상황으로 더 강화가 되고 자신감이 충만하기에 더욱 일이 잘 풀리는 선순환 구조를 이루게 된다. 그래서 우리는 그들을 볼 때 항상 운이 좋다고 느끼는 것이다.

항상 운이 좋아서 이 자리까지 왔다고 겸손하게 말하는 회사 대표가 있었다. 그 대표에게 성공에서 운이 차지하는 비율이 얼마나 되는 것 같냐고 물었다. 그 대표는 빙긋이 웃으며 대답했다.

"한 5%면 충분하지 않겠어요?"라고 의외의 답변을 했다.

"겨우 5%면 너무 적은 거 아닌가요? 운이 좋으셨다면서요."라는 질문과 함께 어쩌면 진짜 운이 좋은 사람일지도 모른다는 시선을 던졌다. 이를 눈치 챘는지 그 대표가 말을 이었다.

"아무리 거부巨富의 상을 타고 태어난들 95%가 엉망이면 5%는 힘을 쓰지 못하잖아요? 운도 준비가 된 사람에게나 작용하지요."

내 우문에 대한 현답이었다.

누구도 우연히 부자가 되었다는 사람은 없다. 자신들이 얼마나 힘들게 거기까지 왔는지, 부를 유지하기 위해 얼마나 힘든 싸움을 하는지는 자신만이 알고 있다.

이런 사람은 인간관계에서도 리액션이 명확하다. 상대를 칭찬하는 일에 망설이지 않는다. 그저 사탕발림하는 립서비스가 무슨 긍정성과 관련이 있냐고 반문할 수도 있겠지만, 이것도 노력하지 않으면 쉽게 되지 않는 법이다. "자세히 보아야 예쁘다."라는 나태주 시인의 시구처럼, 상대방을 칭찬하려면 관심을 갖고 잘 살펴봐야만 좋은 점을 찾을 수 있다.

긍정적인 말이나 칭찬을 잘하기 위한 첫 번째 조건은 상대방에 대한 관심이 선행되어야 한다. 당당하게 나를 드러내면서도 상대방을 적극적으로 존중해주는 것이라 할 수 있다. 이런 배려와 존중을 기분 나빠 할 사람은 없다. 우리는 누군가에게 비난이나 공격을 받으면 모든 수단과 방법을 동원해 저항하게 되는 반면, 프로이드의 말처럼 칭찬에는 무장해제가 된다. 그래서 성공한 사람들의 특징 중 하나는 상대방에 대한 칭찬을 잘한다는 공통점이 있다.

의례적인 칭찬이라도 잘하면 유용하다. 하지만 보다 직접적인 칭찬이 필요하다. 아부와 칭찬의 경계에서 줄타기를 해야 할 일도 있다. 자신에게 돌아올 이익을 위한 뻔한 아부가 아니라, 상대방과 우호적인 관계를 맺고 싶은 마음이 왜곡되지 않도록 칭찬의 기술을 연마해야 한다. 나그네의 옷을 벗긴 건 태풍이 아니라 따스한 햇볕이었던 것처럼 칭찬은 사람의 마음을 움직일 수 있다. 누군가에게 칭찬을 들으면 그 기분 좋음이 오래 유지된다. 상대에 대한 감정도 호의적으로 변해서 업무적 관계에 있는 사람이라면 일처리가 훨씬 유연하게 진행될 수 있다.

칭찬을 할 때는 '진정성 있는 맞춤 칭찬'이 좋다. 대화 중 상대의 말에 집중하고 관찰을 하면 족집게처럼 집어낼 칭찬거리가 보인다. 예를 들어 당신이 처음 본 옷을 입고 온 직원이 있다면, 디자인이나 색깔을 직접적으로 거론해서 칭찬하면 좋다. "옷 디자인이 정말 고급스럽습니다."라든가, "화사한 색깔이 오늘 날씨랑 아주 잘 어울립니다."라고 말해주면 좋다. 그냥 "옷이 멋집니다."라든가, "옷이 비싸 보입니다."라는 영혼 없는 칭찬은 듣는 사람에게 별다른 감흥을 줄 수 없다. 물론 이런 멘트도 하지 않는 것보다는 낫긴 하다.

항상 먼저 안부를 건네는 VVIP 회원이 있었다. 그것도 매번 다른 주제를 갖고 인사한다. 보통은 "잘 지내셨어요?"라는 일반적인 멘트가 흔하지만, 그것도 자신이 더 우대받는 위치에 있다고 생각하면 먼저 인사를 건네지 않고 기다리는 편이다. 그런데 김 대표는 좀 달랐다.

"지난번 초대해주신 모임에서 굉장히 만족했습니다. 좋은 기분으로 집에 돌아가다 보니 이런 생각이 났어요. 그래서 제가 한 가지 제안을 하려고 하는데 어떠세요?"라고 말하는 것이었다. 항상 상대방을 기분 좋게 만들면서 결국은 자기 의견이 반영될 수 있도록 만드는 모습이 인상적이었다.

세상에는 내가 노력해도 바꿀 수 없는 것들이 분명히 있다. 재벌 아들로 태어나고 싶다고 해서 태어날 수 있는 게 아니고, 모델처럼 완벽하게 늘씬한 8등신으로 태어나고 싶다고 되는 일이 아니다. 또 살다 보면 자신의 의도와는 전혀 다르게 인생이나 일들이 풀려나가는 경우가 많다. 중요한 건 타고난 환경에 대한 부정적인 피해의식을 갖는 게 아니라, 그럼에도 불구하고 자신이 할 수 있는 최선의 방법을 찾아 지금의 상태를 조금이라도 더 좋은 방향으로 만들려고 노력하는 자세다. 남 탓, 세상 탓은 의미가 없다. 수동적인 태도로는 상황을 조금도 바꿀 수 없다. 자신이 주체가 아니고 피해자일 뿐이라는 부정적인 생각만 든다면 어떻게 자기 삶을 바꿀 수 있겠는가.

긍정은 현실에 대한 반성 없이 "그저 잘 될 거야."라고 맹목적으로 믿는 것과는 다른 의미다. 자신이 할 수 있는 선에서 최선의 방법을 찾는 것이 진짜 긍정이다. 그러기 위해선 상황을 있는 그대로 받아들이고 제대로 현실을 마주봐야 한다. 어려운 환경이나 스트레스에 대해 적극적으로 대처하고 해결방법을 찾아 행동하는 사람들이 긍정주의자다.

과거에 집착하여 사는 사람은 오늘을 사는 사람을 이길 수 없다. 아무리 과거가 영화롭고 화려했더라도, 혹은 아무리 비참하고 잊고 싶은 아픔이 많았더라도 과거는 과거일 뿐이다. 과거의 자신을 붙잡고서는 절대 새로운 내일의 태양을 맞이할 수 없다.

오늘도 반복되는 고민과 스트레스에 질질 끌려 다니며 산다면 과감하게 싹둑 잘라버려야 한다. 그래야만 찬란한 내일의 태양을 맞이할 수 있다. '온고지신'의 과거를 교훈삼아 오늘을 살고 내일을 꿈꿔야 한다. 내일은 내일의 태양이 뜬다!

인간은 항상 시간이 모자란다고 불평을 하면서
마치 시간이 무한정 있는 것처럼 행동한다.
세네카

PART 6

자기계발

세상에 대한 끝없는 탐구

공부는 평생 우리 곁에 있다. 이전까지 몰랐던 것을 새롭게 알게 되었다면 그것이 바로 자기계발이다. 이제까지 삼각김밥 비닐벗기는 법을 몰랐다가 오늘 알았다면 하나 배운 것이 된다. 모든 경험은 자신에게 유익함을 가져다준다.

자신을 둘러싼 주위를 벗어나 시야를 넓게 가져야 한다. 아는 만큼 보이고 아는 만큼 들린다. 배경지식이 많을수록 창출해낼 수 있는 아이디어도 많아진다. 권위 있는 자의 조언도 새겨들을 때 의미가 있다. 그 무엇도 그냥 흘려보내지 말자.

01

반전매력을 꿈꿔라

인문학도가 숫자나 기계에 대해 뛰어난 감각을 지녔다든가, 자연과학도가 문학에 일가견이 있을 때 그 사람이 달라 보인다. 요즘 말하는 뇌섹남 뇌섹녀에 가깝다고 할까.

대학에서 공학을 전공하고 벤처기업을 운영하는 K 대표가 그랬다. 이공계 분야에서 한 우물만 파던 사람인 줄 알았는데 대화를 나누어볼수록 인문학적 소양이 풍부하게 느껴졌다. 살면서 엘리트 코스만을 거치며 살아왔을 것 같은 K 대표의 지론은 한마디로 "반전매력을 가꾸라."는 것이었다.

"사람을 이공계, 인문계로 구분지어서 나누고 판단하는 것은 아니라고 봐요. 이공계 연구원도 패셔너블할 수 있고 인문학을 공부한 사람도 IT분야에 조예가 깊을 수 있지요. 그건 전공을 떠나서 자신만의 새로움과 스타일을 찾는 시도인 것 같아요. 일할 때는 열심히 일하고 놀 때는 잘 놀 줄 아는, 그런 반전 있는 사람이 매력 있지 않나요?"

K 대표의 창의성이 바로 이런 시도에서 나오는 것 같다. 자신이 알고 싶은 분야에 관심과 흥미를 가지고 접근하면서 알고 있는 지식을 대입시켜 새로운 것을 창출하는 것이다. 창의성은 결코 타고나는 재능이 아니다. 계발하는 것이다. 기존의 한계를 벗어나 새롭고 재미있게 볼 수 있는 능력이다.

문과와 이과의 경계를 확고하게 나눌 수 없듯이 그는 창의력 역시 타고나는 능력이 아니라고 힘주어 말한다. 기존의 지식과 배경이 없이는 불가능한 일이다. 자신의 모든 경험 속에서 비틀기, 융합, 창조 등의 과정을 통해 생겨난다. 그래서 다양한 경험을 강조한다. 아이를 창의성 학원에 보낼 생각을 하지 말고 다양한 경험을 통해 자유롭게 상상할 수 있는 길을 열어주어야 한다. 기존의 방식을 따르기보다는 항상 '왜'라는 질문을 잃지 않고, 냉탕과 온탕을 오가듯 전혀 다른 분야 사람과도 어울리고, 나와 다르게 생각하는 사람들의 생각회로를 구경하면서 사고를 더해 가면 된다. 궁금증이 생기면 찾아보고 호기심이 생기면 더 깊이 알아보는 것이다.

창의성은 누가 가르쳐준다고 해서 습득되지 않는다. 도로를 걸어보고, 자라는 식물을 보고, 처음 듣는 음악을 들어보고, 낯선 곳에서 새로운 것을 접할 때 생성된다. 자주 만나는 사람보다 새로운 모임에도 나가 보고 미술관 관람이나 음악회 공연 등에도 가보는 것이다. 꼭 뭘 배워야겠다고 생각해서가 아니라 그냥 기웃기웃해보는 거다. 그것이 별반 재미없다면 또 다른 일을 찾아서 해보면 된다, 많은 시간이 필요치 않다. 짬나는 대로 잠깐이라도 시선과 사고를 돌려보면 된다. 매일 다른 하루를 사는 비결이기도 하다.

지금은 이공계가 환영받는 시대다. “문송합니다(문과여서 죄송합니다).”라는 말이 공공연하게 나도는 시대다. 문과보다는 이과 전공자들이 취업에 유리한 것 또한 현실이다. 시대의 대세라는 이과 전공자들은 이 시대가 반가울 것 같지만 꼭 그렇지도 않은 모양이다. 당장 취업에 좀 유리한 구석은 있겠지만 자신의 적성이나 성향과 관계없이 선택한 경우가 많아서 즐겁게 일하는 사람은 생각보다 많지 않다는 것이다. 이공계 인재 역시 열정을 가지고 도전해야 함에도 불구하고 모두 대기업에만 취직하려고 하는 것이 문제라는 지적도 나온다. 그러나 사회구조상 쉽게 풀 수 없는 문제라 할 수 있겠다.

창의력과 합쳐진 기술력은 엄청난 가치를 지닌다. 적게는 몇 명에서 많게는 수천, 수만을 먹여 살린다. 새로운 기술들이 인터넷과 스마트폰을 타고 얼마나 대단한 부를 창출하고 사람들의 삶을 바꿔왔는지 생각해보라. 역사를 돌아봐도 과학기술 분야가 뛰어난 나라가 강대국이었다. 과학 분야 노벨상 수상자를 많이 배출한 미국과 일본을 봐도 그렇다.

중국도 이공계 출신 CEO들의 약진이 두드러진다. 4차 산업혁명이라는 새로운 기회의 시대에서 우위를 차지하기 위해 열띤 경쟁을 한다. 우리도 그들처럼 좀 더 큰 그림을 그렸으면 좋겠다. 젊은 청년들이 도전하고 쟁취하고 싶은 분야에 열정을 쏟고 정진할 수 있었으면 하는 바람이다.

이런 시대의 흐름을 읽지 못하고 문과 이과를 구분 짓고 넘나들지 못하는 장벽처럼 느끼거나, 서로를 향해 어느 부분이 약하다고 손가락질해서는 안 된다. 인문학을 좋아하는 사람은 과학 분야의 책을 멀리하고, 자연과학을 전공하는 사람은 문학이나 역사에 무관심한 것을 당연하다고 여겨서는 안 된다. 이젠 그런 구분을 넘어서는 사람들의 세상이다.

앞서 말한 벤처기업의 K 대표는 지인과 출판사를 만들어보자고 의기투합했다고 한다. 그런데 출판사에서 책을 내고자 하는 저자는 자기 전공 분야와 다른 책을 써야 한다고 했다. 일종의 크로스 오버인 융합이다. 비전문가의 눈으로 본 전문가의 영역, 융합과 통찰의 경계를 뛰어넘었을 때 튀어나오는 아이디어나 에너지를 아는 것이다. 그것이 그를 부자의 반열에 올려놓았다.

특정 분야의 지식이 사회생활의 능력을 의미하는 건 아니다. 어떤 자리에 어울릴 만한 능력, 의사결정 능력과 리더십, 소통에 관한 준비가 부족하면 어려움을 겪는다.

노력하지 않는 한 우물 안 개구리로 사는 것은 우리의 숙명이다. 숙명을 받아들이고 그대로 살 것인가, 불균형을 바로잡고 다양함으로 넘나드는 사람이 될 것인가는 자신의 선택에 달려 있다. 선택은 자유지만 성공을 바란다면 그동안 편향되었던 지식의 체계를 확대하자.

02

지식만 좇지 말고 눈을 들어 세상을 보라

“학교에서의 우등생이 사회 나와서도 우등생은 아니다.”

“학교 다닐 때 공부 잘한 우등생이 부자로 성공하진 않는다. 공부 머리와는 다르다.”

이런 말을 한두 번쯤 들어보았을 것이다. 사회생활은 답이 없거나 정답보다는 융통성, 대처능력, 인간성 등을 활용해야 하기 때문에 주로 책상 앞에서 문제만 풀던 우등생들이 더 힘들어 할 수도 있다. 그래서 그동안 착실하게 모범답안에 맞춰 살았던 사람보다, 역경을 이겨내고 차별된 환경을 이겨내야 했던 괴짜들이 성공하는 경우가 많다.

팔순을 바라보는 노신사 분과 대화를 나눌 계기가 있었다. 한국전쟁 때 피난을 다니며 초등학교를 졸업하고 경기중고교를 거쳐 서울대를 졸업한 당대 최고의 엘리트 코스를 밟은 어른이셨다. 젊은 시절 기업의 임원을 거쳐 사업가의 길을 걸었는데 당시로는 흔치 않은 해외 출장의 경험도 많았다고 한다. 그런데 그분의 입에서 나온 말은 뜻밖이었다.

그는 중학교에 들어간 손주들에게 힘들게 공부할 필요가 없다고 한단다. 이유는 과거에는 좋은 학교 학벌을 가진 사람들에게 훨씬 더 많은 기회가 주어진 사회였지만 이제는 세상이 많이 바뀌어 자신이 잘할 수 있는 것 한 가지만 있다면 굳이 안 맞는 공부를 위해 늦게까지 학원에 시달리며 공부에 매달리지 않아도 된다는 것이었다.

우리는 학교를 졸업하고 사회생활을 하면 그때서야 공부가 제일 쉬웠다고 얘기한다. 치열한 사회에서 살아남기 위해 머리를 싸매고 분투하면서 학창시절에 이렇게 했으면 서울대를 가고 남았을 것이라고 농담처럼 말하기도 한다. 학교공부야말로 내가 열심히 하면 하는 대로 점수가 나오고 성과를 낼 수 있다. 그런데 세상을 산다는 건, 돈을 번다는 건 참 자기 마음대로만 되는 것은 아니라는 것을 그제야 실감하기 때문이다.

돈을 벌기 위해 열심히 뛰지만 그 결과에 낙담할 때가 더 많다. 정해진 월급은 물가 상승률에 비해 턱없이 적고, 능력을 발휘한 만큼 승진도 기대해보지만 그것도 혼자서 할 수 있는 일이 아니다. 상급자의 눈에 들어야 하는데 같은 부서에 남다른 능력자가 있다면 이 또한 곤란해진다. 일만 하면 좋겠는데 그 어려운 인간관계까지 신경 써야 하니 머리는 복잡하고 가슴은 터질 지경이 되는 것이다.

대한민국 상위 0.1%에 해당한다는 부와 성공을 이룬 사람들의 학력은 어떨까? 우리는 대부분 "일타강사들을 집으로 불러다 족집게 과외는 기본으로 받았겠지?"라든가, "조기유학으로 외국의 사립 중고등학교에 진학하고 명문대학을 졸업했을 거야."라고 말한다. 실제 분석 결과 역시 우리나라의 명문 SKY대와 해외 유학파로 포진되어 있기도 하다. 그렇지만 전혀 그렇지 않은 사람도 많다. 과거에 비하면 학벌과 성공이 다이렉트로 연결되거나 예측 가능한 성공지표로써의 역할은 줄어들고 오히려 그것에 연연해하지 않는다.

반면 사회성, 인간관계, 자기이해지능까지 활동적인 부분에 신경을 많이 쓴다. 사회를 보는 안목이나 시대를 앞서가는 안목, 블루오션을 공략할 수 있는 판단력 등 리더가 될 역량에 중점을 둔다. 또한 사람에 대한 통찰력을 중요하게 생각한다. 결국 돈을 버는 것도, 성공을 하는 것도 사람들을 이해해야 가능한 일이다. 사람의 심리를 잘 알고 공감에 대한 폭이 깊다면 그만큼 유리하다.

그들은 자신의 역량에 대해 솔직하게 인정하고 쓸데없이 시기하거나 질투하며 에너지를 낭비하지 않는다. 자신의 부족함을 채워줄 뛰어난 인재를 곁에 두려 한다.

고아 출신으로 자수성가한 회장님께 "돈을 버는 데 가장 큰 방해물은 무엇이었습니까?”라고 질문하자 돌아온 대답은 “세상에 대한 무관심입니다.”라고 했다. 세상의 흐름, 돈의 흐름, 사람의 흐름에 대해 관심을 놓지 않는 태도를 유지해야 돈이나 성공이 보인다는 것이다. 그래서 부자들은 정치, 경제, 사회, 문화, 예술 등에 관심의 끈을 놓지 않는다.

이를 위해서 그들은 주입식 교육보다 사회를 읽고 보는 시야를 확보한다. 점수나 등급을 올리기보다 적극적인 행동과 리더십을 기르는 데 더 주안점을 둔다. 과학의 발전에 민감하게 반응하고 경제 흐름에 예의 주시해 미래를 진단하는 안목을 기른다.

어릴 때부터 예체능에 감각을 길러 자연스럽게 삶에서 향유될 수 있는 기초를 다진다. 자라면서 인간관계나 사회적 위치에서의 매너나 예절 등 학교에서 가르쳐주지 않는 인격을 쌓는 훈련을 한다. 그들에게 필요한 것은 지식이 아니라 우리 사회 상류 0.1%로서 자질과 소양이다.

절대 혼자서는 성공할 수 없는 세상이다. 거미줄처럼 얽혀 있는 복잡한 세상에서 다른 사람의 지원과 보탬이 필수가 되고 있다. 사회가 고도화되어 갈수록 남과 어울리지 못하는 독불장군 부자가 나오기는 힘들다. 명문대 입학이 부와 명예를 얻는 지름길도 아니다. 세상을 자기 힘으로 볼 수 있는 능력을 기르는 것이 현명하다.

03

자식을 걱정하는 부모 마음은 다 똑같다

부자들이 자녀에게 상속리스트를 늘려주는 것보다 더 중요하게 생각하는 것이 있다. 바로 교육이다. 우리나라의 자녀교육이야 어느 집이나 마찬가지겠지만, 실제로 부유층이 가장 많이 지출하는 항목 중의 하나도 자녀교육과 관련된 비용이다. 수학, 영어 등 주요 과목은 물론 피아노, 스포츠, 미술, 요가 등 예체능 수업도 별도의 개인과외를 통해 가르친다. 이는 예술가나 운동선수를 목표로 해서가 아니다. 인간관계를 형성하고 유지하는 데 도움이 되는 기초적인 것들을 배우게 하려는 것이다.

설혜심 교수가 쓴 《그랜드 투어》는 17세기 영국의 부유층 자녀들이 프랑스와 이탈리아 등을 여행하던 관행을 소개하고 있다. 그들은 외국어와 세련된 취향과 역사를 충분히 맛보게 하기 위한 도구로 해외여행을 선호했다. 이러한 관행은 영국을 넘어 전 유럽으로 확대되었고, 귀족자제들뿐만이 아니라 토마스 홉스, 애덤 스미스, 볼테르, 괴테 등 수많은 지성인들이 동참함으로써 명실상부한 엘리트 교육의 최종단계로 인식되었다.

17세기 영국은 패권자로 발돋움은 했으나 여전히 유럽의 촌스러운 나라였다. 따라서 프랑스나 이탈리아의 예술, 학문, 교육 등 유행의 중심인 나라들에 대한 동경이 매우 컸다.

보편적으로 여행은 무려 2~3년이 걸렸으므로 준비물의 규모도 상당했다. 커다란 트렁크에는 여름과 겨울용 정장을 비롯한 각종 의류, 모자, 구두, 심지어 침구까지 바리바리 싸서 떠났다. 전염병과 해적, 강도의 위험도 늘 도사리고 있는 사지에 세상물정 모르는 부잣집 도련님만 보낼 수 없어서 동행교사가 함께했다. 우리가 잘 아는 애덤 스미스도 동행교사 출신이었다고 하니 예나 지금이나 최고의 선생님 인기는 언제나 상종가인 것 같다.

여행은 다양한 교육과 인맥을 쌓을 수 있는 최고의 기회다. 따라서 방문한 나라의 현지 사상가나 유명 인사를 만나고 친분을 유지하는 게 중요했다. 상류층의 품위에 맞는 행동을 하기 위해 파리에서는 유행에 맞는 옷을 구해 입었고, 세련된 매너와 대화술도 중요하게 생각하는 것 중 하나였다. 역사, 철학, 시, 수사학 등 학문적 교과목 이외에도 승마, 프랑스어, 춤, 여행하는 나라의 지리와 역사 예술 건축에 대해서까지 많은 것을 보고 배우려는 교양에 대한 열망이 자리하고 있었다.

프랑스에서는 매너를 '삶을 멋지고 성공적으로 영위할 수 있는 방법'이라고 정의하고 있다. 당대의 상류층은 문화적 소양이나 교양으로, 매너를 쌓기 위한 교육 여행이라는 목적을 갖고 있었던 것이다.

이 호사스런 여행의 효과는 어땠을까? 오늘날 우리나라의 조기유학이나 어학연수가 그러하듯이 당시 유럽에서도 그 실효성에 대한 의문과 비판이 많았다. 생각보다 외국어 학습효과는 크지 않았고, 혈기왕성한 젊은이들이 부모의 감시를 피해 방탕하게 사고를 치는 경우도 많았다. 그런 그들을 '마카로니'라고 부르기도 했다. 이들의 특징은 쓸데없이 대화 중에 프랑스어나 이탈리아어 등 외국어 섞어 쓰기를 좋아하고, 호사스러운 옷차림을 즐기고 오만한 인상을 풍겼다니 그들을 보는 시선이 곱지 않았다는 것을 알 수 있다. 지금 우리의 실정과 크게 다르지 않은 것을 보면 집을 떠난 아이들의 행동반경이나 사고는 동서고금을 떠나 크게 다르지 않은 것 같다.

VVIP카드 회원의 최대 관심도 역시 자녀교육이다. 경제적 여유와 상관없이, 자녀의 교육에 관심이 없는 부모가 어디 있을까? 최선의 교육을 통해 행복한 앞날을 이끌어줄 수 있도록 고민하는 것이 부모의 역할이다. 다만 현실적으로 경제력을 갖춘 그들이기에 훨씬 적극적이고 열성적으로 뒷받침하는 것이다. 그래서 자녀들의 교육과 관련된 컨시어지 요청이 많다. 영어, 수학 등 학과 과외교사는 물론 발레, 요가, 수영, 독서 교사에 이르기까지 제대로 된 개인교사를 찾고 또 찾는다. 물론 국내에 없다면 해외에 보내서라도 제대로 된 교육을 받고 싶어 한다.

교육비가 엄청난 것으로 알려진 미국이나 영국의 보딩 스쿨(명문 기숙학교)에 보내기 위한 정보 요청 건이 많다. 방학을 통해 주로 미 동부나 서부의 명문대학을 방문하는 투어 프로그램이 인기를 끄는 이유도 마찬가지다. 학교와 동네의 분위기를 미리 살펴보고, 자녀들에게 동기부여를 하기 위함이다. 국내에서 중고등학교를 다니는 경우라도 유학정보 등에는 늘 귀를 쫑긋 세우고 있다. 분명한 건 유학파와 비유학파로 나눠진다는 점이다. 유학 여부가 그들을 가르는 징표가 되고 있으며 또 다른 인맥 형성의 큰 줄기가 되고 있다. 이 구분을 통해 그들끼리 동질성을 갖게 되는 것이다. 이것이 '그들만의 리그'가 존재하게 되는 이유이기도 하다. 서로 통하는 사람끼리 어울릴 때 이야기가 잘 통하고 가장 편하게 마련이다.

물질적인 부를 바탕으로 세련된 취향과 안목을 길러 삶을 즐기며 살게 하고 싶은 마음은 어느 부모나 다를 게 없다. 부유층의 입장에서는 차별화된 교양을 통해 기득권을 더 누리고 대를 이어 유지하고 싶은 마음도 클 것이다. 한편으로는 결핍을 모르고 자란 자녀들이 잘못 자라지 않을까 걱정도 많이 한다. 그래서 엄격한 가정의 분위기를 유지해 방종으로 흐르는 걸 막아보려 애를 쓰기도 한다.

부와 성공을 이룬 사람들은 대부분 목표와 성취동기가 뚜렷하다. 중심을 잡고 일희일비하지 않으며, 시류에 흔들리지 않으려 강단 있게 행동한다. 그런 부모들의 눈에 아직 어린 자녀들은 세상에 큰 욕심도 없어 보이고 무엇을 이루려는 마음도 없어 보인다. 태어날 때부터 이미 다 주어져 있으니 간절함이나 절실함을 느껴본 적이 없어 더 안이할 거라는 걱정이 앞서는 것이다.

사회경험이 풍부한 부모에 비해 유복한 환경에서 자란 아이를 앞에 두고 이런 걱정을 하는 것은 어쩌면 당연하다. 그러기에 자녀들이 자신이 속한 사회에서 겉돌지 않도록 어려서부터 준비를 시키는 것이고, 부유층으로 사회적 역량을 담당할 능력과 책임을 길러주려는 것이다. 그들에게 있어 자녀의 교육은 가장 훌륭한 투자요 첫 번째 과업이다.

04

인간에 대한 이해와 공감은 필수다

'꼰대'라는 말은 20대들이 가장 많이 쓴다. 예전에는 아버지나 교사 등 나이 많은 남자를 가리켜 쓰던 은어였는데 요즘에는 자기 기준에 맞추려 들고 남의 의견을 반영하지 않으며 일일이 간섭하고 가르치려 드는 사람들을 통칭한다.

꼰대의 특징은 자기 불편함은 못 참고 남의 잘못을 들추어내 지적하는 것이다. 그런데 요즘은 이처럼 성향이 강하고 자기 주관이 확실한 20대 젊은층에서도 꼰대들이 나타나고 있다. 이들의 특징은 사람들 사이에서 옳음의 기준이 상대적이라는 자각이 부족하고, 같은 상황을 보고도 이해하는 정도가 모두 다르다는 것을 인식하고 있지 않다는 것이다. 정확히 이분법적 요소가 아니라면 다양한 기준에 따른 견해 차이는 있을 수 있다. 말하는 사람이 객관적인 소견을 밝혔더라도 듣는 사람의 입장에서 은근하게 강요당하는 느낌을 받는다면 공감대 형성은 절대 일어날 수 없다.

이렇게 소통이 어려운 이유는 모든 사람에게 통하는 '마스터키'가 없기 때문이다. 상대에 따라, 상대의 입장에 따라 같은 말이라도 다르게 받아들여진다. 그래서 우리는 소통하는 대상이 누구인지에 따라 소통의 방식을 달리해야 한다. 피곤한 과정이지만 절대적으로 필요한 과정이다. 내 마음 하나 다스리기도 힘든 세상에 남들까지 신경 쓰자니 구차하고 번잡스러워 보인다.

그럼에도 불구하고 사회적 관계가 필요한 부분에 대해 평론가 김현은 "우리 모두 바둑판 위에 존재하는 바둑돌이다."라고 말했다. 바둑돌은 혼자 존재할 수는 없는 법이다. 상하좌우 인간관계 속에서 우리가 비로소 존재한다는 뜻이다. 자기만의 방식을 고집해서 홀로 독야청정하겠다면 어쩔 수 없지만 그것으로 입는 손해는 오롯이 자신이 감수해야 한다.

L씨는 은행에서 정년퇴직한 것을 자랑스러워했다. 그는 인생 100세 시대라는데 이제 앞으로 남은 40년 가까운 세월을 그냥 뒷방 늙은이로 보낼 수는 없다고 마음먹었다. 그리고 평소에 관심을 가지고 즐기던 커피와 함께 제2의 인생을 시작해보기로 했다. 몸에 밴 근면 성실함으로 바리스타 자격증도 따고, 이리저리 분주히 몇 달을 움직여 근사한 커피숍 사장님이 되는 데 성공했다. 까다

로운 자신의 기준에 맞게 좋은 원두를 사용하고, 고객을 만족시키기 위한 서비스에도 자신이 있었다.

그러나 문제는 예상치 못한 곳에서 터졌다. 젊은 직원들과의 불협화음이었다. 고생을 모르고 자란 세대라 그런지 하나부터 열까지 모든 게 못마땅했다. 말투, 외모, 돈 관리 등을 볼 때마다 앞으로 밥벌이나 하고 살겠나 싶은 노파심이 꿈틀댔다. 그래서 그는 하루 날 잡아 그동안 참았던 지적들을 들춰냈다. 직원들은 처음에는 뭐라고 변명을 하더니 나중에는 아무 말 없이 듣기만 했다. L씨는 직원이 자신의 말에 동의하는 줄 알고 말을 길게 이어갔다.

그런데 그 이후로 직원들은 L씨를 슬금슬금 피하기 시작했다. 눈도 마주치려 들지 않자 L씨는 다시 한 번 부드러운 목소리로 친하게 '잘사는 법'에 대해 알려주었고, 눈에 거슬리는 행동이 나올 때마다 타일렀다고 했다. 그러던 어느 날 직원들끼리 화장실에서 말하는 걸 우연히 듣게 되었다. 사장이 삶의 방식을 강요한다며 뒷담화하는 중이었다. 그냥 듣는 척만 해라, 대꾸하지 않고 가만히 있는 게 상책이다, 묵묵부답이 잔소리를 빨리 끝나게 하는 방법이라는 둥 자기들끼리 나름의 정보교환을 하고 있었다. 그 뒤로 L씨는 말을 줄였지만 이미 불편해진 그들은 하나둘 그만두었다고 한다.

우리는 상대방을 평가하기 좋아한다. 장점보다 단점을 찾는 눈이 귀신같다. 그러나 누구든지 자신에게 호통을 치거나 단점을 지적하는 사람에게 마음을 열고 싶어 하지 않는다. 냉정하고 객관적으로 말해주는 것이라고 하지만 항상 가르치려는 사람에게는 누구나 경계심을 갖고 대한다. 날 이해해주거나 공감하지 않고 비난만 할 게 뻔히 보이는데 어느 누가 바보처럼 다가가고 그가 해주는 조언을 오롯이 수용하겠는가.

남을 이해하고 공감하는 것이 이 시대의 중요한 능력으로 부상하고 있다. 직접적인 경험이 제한적이라면 소설이나 영화 예술을 통한 간접경험은 언제든지 할 수 있다. 소설 속 등장인물들이 겪는 사건에 자신의 감정을 이입해보고 상황에 대입해보자. 주변 인물들과 갈등하며 사람을 이해하는 폭을 높일 수 있다. 어떤 때는 선의로 한 행동이 누군가에게 피해를 주기도 하고, 나쁜 사람인 줄만 알았던 인물에게도 그러한 삶을 택할 수밖에 없는 사연이 있었음을 알기도 한다.

밀란 쿤데라는 "소설은 도덕적 판단이 중지된 땅이다."라고 말했다. 소설을 읽으며 우리는 인물들의 도덕적 흠결을 따지는 것이 아니라 한 인간에 대한 폭넓은 이해를 하게 된다. 우리가 섣불리 판단하고 지적하던 것을 멈추고, 그들의 상황에서 생각을 하게 만든다. 때론 억울한 일도 겪고 어려움을 헤쳐 나가는 인물들을 통해 위로받고 삶에 대한 힌트도 얻는다. 타인에 대한 완전한 이해는 아니라도 나와 다른 그들을 좀 더 부드러운 눈빛으로 바라볼 수 있는 여유를 찾게 되는 것이다.

05

자녀에게 무엇을 물려줄 것인가

알 속에서 자란 병아리가 밖으로 나오기 위해 안에서 부리로 쪼는 것을 줄啐이라고 한다. 이때 어미 닭이 병아리가 쪼는 소리를 듣고 밖에서 함께 알을 쪼아주면 이는 탁啄이다. 어미 닭이 만약 밖에서 쪼아 알을 깨뜨리면 병아리는 얼마 살지 못하고 죽는다고 한다. 그런데 어미 닭이 병아리의 쪼는 소리를 듣고도 밖에서 적절히 함께 도와주지 않으면 병아리가 알을 깨지 못할 수도 있다. 이처럼 줄탁동시啐啄同時는 자녀와 부모의 적절한 조화로운 관계로 읽을 수 있다.

어미 닭은 새끼가 알을 깨고 나오는 데 작은 도움만 줄 뿐, 정작 알을 깨고 나오는 것은 병아리의 역할이다. 이를 인간에게 적용하면 자녀가 일방적인 부모의 선택에 의존하고, 주체적으로 판단하지 못하며, 부모의 눈치를 보면서 성인으로 자랐다면 아직 알을 깨고 나왔다고 볼 수 없다. 자녀의 화려한 스펙이 부모를 만족시킬 수는 있겠지만 정작 자녀는 자기 인생을 살아갈 수 있는 힘을 축적하지 못하고 사회에서 독립된 인격체로 제 역할을 감당하지 못할 수 있다.

부모의 가치관이나 삶의 자세 등은 고스란히 자녀에게 투영된다. 부모와의 대화를 통해, 부모의 생활 태도를 지켜보며 가치관을 형성한다. 예의 바른 부모 아래 몰상식한 자식 없고, 정의로운 부모 아래 공정하고 평등을 꿈꾸는 자식이 있는 법이다. 그래서 부모가 먼저 훌륭한 인품을 갖추고 제대로 된 삶을 살아가려는 노력이 필요하다. 누가 뭐래도 자녀의 인성은 1차적으로 부모에게 책임이 있다.

부유한 환경에서 금지옥엽으로 자란 아이들이 탈선에 연루된 소식이 심심치 않게 들려온다. 이런 불상사를 막기 위해 상류층 부모들은 더불어 살아가야 하는 시대에 성숙된 인성과 타인을 배려할 수 있는 사람으로 키우려 애쓴다. 무엇보다 책임감과 사회성, 자제심을 키우려고 노력한다. 어릴 때부터 교우관계에 특별히 신경 쓴다든지 절약하는 생활을 강조한다. 재산만 물려주었다고 자녀가 계속 부자로 산다는 보장이 없다. 부자 3대 못 간다는 속담처럼 관리 능력이 없는 부는 그야말로 바닷가 모래성과 같다. 그래서 부자가 되는 데 필요한 마음가짐이나 부자로서 세상을 사는 데 필요한 여러 가지 기술을 염두에 두고 가르치는 것이다.

좀 더 현실적으로 말하면 슈퍼리치들은 학벌에 목숨 걸지 않는다. 아니 정확히는 목숨을 걸 필요가 없다. 그들은 좋은 학벌을 만드는 방법을 알고 있으며, 해외에서 기부금 입학을 통해 원하는 학벌을 만들 수도 있다. 스펙이야 얼마든지 유리한 상황을 만들 수 있음을 잘 알고 있기에 대신 부를 상속한 후 유지하고 경영할 수 있는 능력을 키우는 데 더 신경을 쓴다. 축적된 막대한 부가 자녀에게 독으로 작용하지 않고 그 부를 관리할 수 있는 자질을 키워주는 것이다.

그들은 문화 예술 공연 등 경험의 폭을 넓히는 것을 중요하게 여긴다. 금융 강연회는 물론 미술품, 골프, 예술, 시간관리, 인문학 강의 등 모든 분야에서 자식들에게 제대로 된 길을 보여주고 경험을 쌓게 해주려 노력한다. 상류층을 위한 마케팅에는 빠지지 않고 자녀들을 위한 클래스가 많이 개설되어 있다. 노블레스 오블리주를 실천하는 사회봉사활동에도 꼭 자녀들을 데리고 다니는 부자들이 있다. 모든 걸 정해 놓고 그 길을 강요하는 것이 아니라 자신에게 맞는 길을 찾을 수 있도록 다양한 경험을 쌓게 하고 결국엔 스스로 일어서게 하려는 것이다.

후배 중에 대기업 직원들의 상담을 담당하는 친구가 있다. 어렵게 입사했지만, 해를 거듭할수록 상담 일이 자신과 맞지 않아 고민이 많다고 했다. 그만두고 싶어도 부모님의 기대를 저버리는 게 겁나서 마지못해 다닌다는 것이다. 자신의 길을 행복하게 가는 것이 결국에는 부모님도 행복한 일이 아닐까 싶지만 기대를 한 몸에 받고 있으면 부모에게서 심적으로 독립하기가 어렵다.

우리는 자녀들이 자기 삶에서 충분히 행복을 누릴 수 있도록 돕고, 자기 인생에 대한 선택권을 주는 부모가 되어야 한다. 결코 부모가 미리 철저하게 짜 놓은 시나리오대로 살기를 강요하거나, 자식의 성향을 무시한 채 좋은 스펙과 학력만을 쌓게 해주는 게 부모의 역할이 아니라는 걸 깨달아야 한다. 또 그렇게 만들어진 화려한 스펙으로 자녀가 반드시 행복하다는 보장도 할 수 없다.

우리는 가까운 사람에게서 더 많이 상처받는다. 특히 부모의 아집은 자녀에게 큰 상처를 줄 수 있다. 세상에서 가장 사랑하는 관계로 받아들여지는 부모와 자식 간, 천륜이라는 하늘이 맺어준 그 관계가 때론 가장 넘어서기 힘든 스트레스로 작용한다.

부모도 결국 타인이다. 자녀를 자기 소유물이 아닌 독립적 인격체로 인정하고 응원해주는 지혜로움을 발휘하자. 스스로 성장하는 '줄'과 부모의 적절한 '탁'이 조화를 이룰 때 자녀가 성장할 수 있다.

06

책읽기를 즐기면 삶의 변화를 꾀할 수 있다

여러분은 무엇을 통해 다른 세상과 연결된다는 느낌이 받는가? 호텔을 경영하는 M 대표는 '책'이라고 말한다. 그는 어릴 적 《나니아 연대기》를 읽고 혼자 놀던 주인공 아이가 우연히 집안의 옷장에 갇히고 다른 세계로 들어가게 되는 문을 발견하는 순간의 감흥을 주인공과 함께 느꼈다고 한다. 신비의 공간과 처음 만나는 사람들, 거기에서 시작되는 모험과 사건들에 마음을 쏙 빼앗긴 것이다. 그 이후 책은 언제든 다양한 세상으로 자신을 끌고 갈 수 있는 매력을 간직하고 있다는 것을 실감했다고 한다.

우리는 책을 읽으며 작가의 지식과 생각, 논리까지 완벽하게 그 사람의 세상으로 따라 들어가 볼 수 있다. 어떤 분야의 책이라도 마찬가지다. 작가는 길잡이가 되어 친절하게 설명해주고 유인한다. 성공하는 사람들은 책을 많이 읽는 편이다. 그들이 책을 읽는 이유는 현실에 안주하지 않으려는 도전적 태도 때문이다. 항상 좀 더 나은 것을 고민하는 삶의 자세가 그들의 손에 책을 들게 한다. 전문가들의 가르침을 책으로 접하며 지식, 지혜를 얻는다. 원래 책이 권력자들에게나 허용되었다는 것을 이해하면 책을 읽는 계급이 책을 읽지 못하는 사람들을 지배해왔다고 해도 무리가 아니다.

독서의 중요성이야 귀에 못이 박히도록 들었지만 바쁘게 살다 보니 책 한 권을 읽기 힘든 게 현실이다. 통계자료를 보면 우리나라 국민의 독서량은 부끄럽게도 최하위 수준이다. 가장 과학적인 언어인 한글이 있기에 누구나 읽을 수 있는 능력을 가졌다고 자랑하지만 막상 책을 읽는 인구가 최하위 수준이라니 충격적이다.

많은 사람이 책 한 권을 끝까지 읽어내는 힘이 부족하다고 한다. 난독증 환자처럼 책의 전체적인 내용 파악에 어려움을 겪는다는 것이다. 이런 기현상에 대해 《독해력》의 저자 사이토 다카시는 "인류 역사에서 글을 읽고 생각하는 능력은 그리 길지 않으니 당연한 것이다."라고 말했다. 한 사람이 대략 150권 정도의 책을 읽고 난 후에야 우리의 뇌가 독서에 적합하게 바뀐다는 것이다. 물이 끓는 데 100도라는 임계점이 있듯 우리의 뇌가 독서를 받아들이기 위해서는 최소 150권 정도를 읽어내는 뇌 근육이 길러진 다음에야 독서가 쉽게 된다는 뜻이다. 독서를 하는 데 있어 진입 장벽이 이렇게 높으니 포기하지 말고 꾸준히 독서력을 길러야 할 것이다.

독서를 쉽게 하는 방법은 자신이 관심 있어 하는 책으로 기초 체력을 길러 놓는 것이다. '서울대 선정 필독서' 같은 것을 우선시 할 것이 아니라 자신이 읽고 싶은 희망도서를 먼저 찾아 읽어야 한다. 스포츠에 관한 것이든, 게임에 관한 것이든, 여행에 관한 것이든 찾아보면 우리 삶의 모든 분야에 이미 많은 작가의 경험이 녹아 있는 책들이 많다.

먼저 자신의 관심 분야를 다른 사람의 시각으로 찾아보고 공감의 기쁨을 맛봐야 한다. 독서의 즐거움이 따르다 보면 또 다른 책을 찾게 된다. 책에 호감이 생기면 관심 분야도 작가의 반경도 넓어진다. 이런 과정을 반복하다 보면 자신이 어떤 부류의 책을 좋아하는지 알게 되고, 책으로 인해 변화되는 시야와 관점을 느낄 수 있다. 책을 고르는 안목과 범위까지 넓어지게 되는 선순환이 이루어진다.

나는 처음 직장생활을 시작했을 때, 모든 게 생각했던 것과 달라 좌충우돌하며 하루를 보낸 뒤 집으로 향하는 버스 안에서 저항하듯 책을 읽었다. 제대로 살고 있다는 느낌이 필요했고, 여기가 끝이 아니라는 위안이 필요했다. 단 30분의 시간이라도 책을 읽고 있으면 진정으로 나를 위한 시간을 보내고 있는 것 같아 행복했고, 하루를 버틸 수 있는 힘이 생기곤 했다.

나처럼 읽으라는 말이 아니다. 책을 읽는다는 것이 또 다른 강박이 되어서는 곤란하다. 어느 것이든 자유의지가 아닌 책임이나 의무는 즐거울 수 없다. 한 달에 몇 권을 읽어야겠다는 다짐이나 각오는 사람을 속박하고 책읽기를 즐길 수 없게 만든다.

새해 목표에 책읽기를 넣되 100권이라는 식으로 정해 놓으면 시작부터 어려운 일이 된다. 일 년에 한 권의 책을 읽더라도 수시로 자주 손에서 책을 놓지 않으면 좋고, 여유로운 시간에 TV나 휴대폰을 보기보다 책을 보는 것을 즐기면 된다. 개인의 상황에 따라 책에서 어떤 식으로든 재미를 찾아내면 된다.

책을 몇천 권을 읽었다고 자랑하는 사람들이 있다. 삶의 모든 것이 그렇듯이 질보다 양으로 접근하는 사람들을 만나면 좀 불편해진다. 구양수가 다독을 권했던 것과는 달리, 쇼펜하우어는 《문장론》에서 다독을 오히려 경계하라고 했다. 물론 어느 정도 다양한 양의 독서가 기본이 되는 것은 무시할 수 없지만 마음에 아무 자극을 주지 못한다면 그 숫자가 1천 권이든 1만 권이든 무슨 소용일까 싶다.

《정희진처럼 읽기》의 저자 정희진은 그냥 쉽게 읽히는 책보다는 자기 삶의 변화를 가져오는 책을 좋은 책이라고 정의했다. 그는 "책이 나를 통과하기 전과 후가 다르지 않다면 독서는 의미가 없다. 글을 그저 읽기만 할 뿐 자신의 낡은 생각을 변화시키지 못한다면 그야말로 글자 읽는 연습에 불과한 것이다."라고 했다. 유의미한 독서가 되기 위해서는 꼭 책을 읽은 후 자신을 정리하는 과정이 필요하다. '사색하는 힘'이야말로 책을 읽는 이유라고 쇼펜하우어도 말하지 않았던가. 독서를 통해 자신을 돌아보고 생각을 정리하고 사색할 수 있다면 진정한 독자로 거듭나는 것이다.

책을 사는 것은 '책을 읽는 시간'까지 함께 사는 행위다. 책을 읽지 않는다는 의미는 우리 삶에 대해 성찰하지 않는다는 말과 크게 다르지 않다. 사색과 성찰이 필요할 때 곁에서 내 말을 들어주는 주는 친구처럼, 조용하게 답을 생각하게 만드는 스승처럼, 책은 늘 그렇게 우리 곁에 있어 왔다. 세상에서 길을 잃지 않고 더 나은 사람이 되는 방법을 은근히 제시하면서 말이다.

책이 주는 흐뭇함을 느끼면 사는 맛이 풍부해진다. 한 권의 책으로 당신 삶의 방향이 바뀔 수 있다. 책이 주는 재미와 유익을 놓치지 않기 바란다.

시도해보지 않고는

누구도 자신이 얼마만큼 해낼 수 있는지 알지 못한다.

블릴리우스 시루스

PART 7

개성

내가 나를 만든다

개성에 따라 사는 모습도 각자 다르다. 여윳돈이 생겼을 때, 그 돈을 어디에 쓸지 즐거운 고민을 하게 된다. 자신의 라이프 스타일에 따라 사용처가 달라진다. 어떤 것이 좋다, 어느 것이 현명하다 제시할 수 없고, 기준을 제시해서도 안 된다. 자기 만족도를 높이는 데 사용하면 되는 것이다. 단, 자기 자존감을 높일 수 있는 스타일을 찾았으면 하는 바람이다. 다른 사람이 판단하기에 다소 엉뚱하다 하더라도 자기답게 살 때가 가장 멋스럽다.

01

나이를 거부할수록 초라해진다

몇 년째 정기적으로 일본을 방문하는 60대 후반의 강 대표는 압구정동에서 투자회사를 운영하고 있다. 그는 몇천 억대의 자산가다. 얼핏 보면 40대 중반으로 밖에 보이지 않는 그는 언제나 건강한 활력이 넘쳤다. 비결을 물으니 일 년에 한두 번씩 일본을 방문해 줄기세포주사를 맞는다고 했다. 간혹 일본을 넘어 싱가포르, 태국, 독일 등 전 세계에 있는 안티에이징 항노화 클리닉까지 다닌다고 한다. 전 세계 슈퍼리치들이 찾는다는 안티에이징 클리닉은 한 번 시술에 수천만 원이 넘는 데도 불구하고 예약하기도 어렵다고 했다. 슈퍼리치들의 마음을 사로잡은 서비스의 핵심은 항노화, 면역력 강화 등으로 젊음을 유지시켜주는 것이다.

인간의 생체 나이를 거꾸로 되돌릴 수 있을 만큼 발전한 최첨단 바이오 기술이 놀랍다. 젊음마저 돈으로 살 수 있게 된 것이니 가히 진시황이 그리 찾아 헤맸던 불로초가 아닌가 싶다.

부유층 여성들은 피부의 탄력과 주름개선을 위해 많은 돈을 지출한다. 피부는 돈 들인 만큼 달라진다는 믿음이 있듯이 피부과 시술이 이제는 보편화가 되었다. 부유층 여성들뿐만 아니라 요즘은 일반인들도 보톡스나 필러 주사를 맞는 것에 거리낌이 없다.

유명 에스테틱 업체의 이 대표는 행사 모임 때면 정말 연예인 못지않은 모습으로 사람들의 주목을 끈다. 반면 입가의 뚜렷한 팔자 주름, 약간 꺼진 눈매와 확실히 자리잡은 눈가 주름으로도 아름다워 보이는 J씨는 외모에 크게 집착하지 않는다. 해외 주요 영화제의 여우주연상과 국내 여우주연상 수상을 통해 우리나라를 대표하는 배우로 이제는 불혹을 훌쩍 넘겼다. 그녀의 주름마저도 당당해보이는 이유는 많은 동료들이 택한 방법을 과감히 따르지 않았다는 데 있다. 그녀는 부자연스러운 젊음보다는 얼굴의 주름마저도 예술로 표현할 줄 안다. 그녀를 보고 있으면 참 아름답게 늙는다는 생각이 절로 든다.

나이와 함께 찾아오는 노화와 죽음이야말로 변함없는 인간의 숙명이다. 스티브 잡스는 "내가 곧 죽을 것이라는 것을 안다는 것은 내 인생에서 가장 중요한 결정을 내릴 수 있는 가장 큰 도구가 되었다."라고 말했다. 외부의 기대, 자신에 대한 자부심, 실패에 대한 두려움조차 죽음 앞에서는 무의미한 것일 뿐이다. 죽음을 앞두고는 자기 삶에서 가장 중요했던 핵심을 찾게 된다는 뜻이다.

영원의 상징 다이아몬드로 빼곡하게 뒤덮인 해골을 모티브로 한 데미안 허스트의 〈사랑을 위하여〉라는 작품을 볼 때 우리는 그 강렬한 대비를 쉽게 잊지 못한다. 다이아몬드의 영원함은 인간은 반드시 죽게 되는 존재임을 더욱 두드러지게 보여준다. 해골은 죽음을 의미하고, 결국 우리 삶은 죽음을 맞이할 수밖에 없다는 사실을 상기시키는 것이다,

죽음은 우리의 삶을 반추하게 한다. 라틴어로 "죽음을 기억하라."는 의미를 가진 '메멘토모리'는 우리에게 죽음이 아닌 삶을 말하고 있다. 삶은 유한하고 덧없으며 죽음이 항상 우리 곁에 있음을 인정하는 일이다. 이는 현재의 삶을 긍정적이고 적극적으로 살 수 있도록 돕는 역할을 한다.

그런 의미에서 80이 넘은 생리학자 루이스 월퍼트가 저술한 《당신 참 좋아 보이네요》라는 인생론은 더욱 새롭게 다가온다. 나이를 거스르는 것에만 신경 쓸 것이 아니라 좀 더 아름답게 늙기 위한 웰 에이징을 말한다. 그에 따르면 우리들의 일반적인 예상과는 달리 인생의 행복도가 가장 높은 나이는 80대라고 한다. 모든 책임에서 벗어나 말 그대로 여생을 즐기기만 하는 나이이기 때문이다. 또한 살아온 날들을 되짚어보고 열심히 살았노라고 자신을 다독여줄 수 있는 여유가 있으니 그런 것 같다. 아직 그 나이가 되

어 보지는 않았지만 우리 할머니나 할아버지들의 너그러운 웃음을 보면 이해할 수 있는 부분이다.

늙음을 자연스럽게 받아들이는 태도도 건강을 오래 유지하는 데 도움이 된다. 오스카 와일드의 말대로 노년의 비극은 늙었다는 것이 아니라, 이전의 젊음을 기억하는 데서 오는 것일지도 모른다. 젊음에 대한 지나친 집착과 늙음에 대한 거부야말로 행복을 가로막는 최대의 적이 될 수 있다.

100세를 맞은 김형석 교수도 60세쯤부터 철이 들고 자신을 믿을 수 있게 되었다고 고백했다. 인생에서 가장 행복한 시기는 바로 60세 이후라며 70세가 넘어서도 충분히 성장하는 것이 가능하다고 한다. 나이를 불문하고 당당하게 자신의 가치를 드러내는 것이야말로 세월을 이기는 방법이다.

여든을 바라보는 나이에도 정치권에서 자신의 신념을 드러내는 정치인, 일흔이 넘은 나이에 연극무대에 서는 연예인·연출가·시인 등을 보고 있노라면 거울 앞에 바짝 붙어 이십 대의 젊음과 비교하는 것이 얼마나 어리석은 일인가 생각하게 된다. 동안에만 집착한 나머지 생각도 아이 같은 사람이 되는 우를 범하면 안 될 것이다. 시술을 통해 주름을 없앤 인위적인 팽팽함이 아니라 주름이 있어도 멋지게 보이는 삶을 살아가는 성숙함이야말로 젊게 사는 방법이 아닐까.

겸허하게 지금의 삶에 더 집중해보자. 우리에게 주어진 시간을 소중하게 여기고 죽음을 들여다보며 삶이 얼마나 아름다운지를 자주 떠올리며 살아야 한다. 그것이 의학의 힘을 빌리는 것보다 더욱 젊음을 유지할 수 있는 비결이다. 나이에 집착하지 않고 활력 있는 삶을 살 수 있는 비법이다.

02

와인에서 중요한 건 밸런스다

우리나라를 대표하는 특급 호텔 2층에 위치한 그랜드볼륨의 디너 행사 시간이 가까워지자 스텝들은 바쁘게 움직였다. 연회장은 감각 있는 플로리스트들이 연출해낸 우아함과 생화들의 향기로 채워진다. 장식품들은 드레스 코드로 고지된 블랙 슈트와 잘 어울리도록 화이트 톤으로 은은하면서도 고급스러움을 뽐낸다. 테이블 위에는 와인 잔 6개와 큰 접시, 커트러리들이 깔끔하게 세팅되어 있다. 각 테이블 좌석은 회원들의 성향과 직업, 취향, 연령대 등을 고려해 몇 번이나 바꿨다. 불편하지 않게 만찬을 즐길 수 있도록 조율한 작업이었다.

오후 6시 30분, 7시에 시작하는 갈라 디너지만 조금 일찍 도착한 회원들을 위한 식전 리셉션이 시작되었다. 간단한 핑거 푸드와 샴페인이 제공되는 이 시간에는 친분이 있는 회원끼리 자연스럽게 서로 안부를 나누며 화려하게 준비된 행사의 분위기를 달군다.

행사장 전면에는 〈로버트 파커 와인 갈라 디너〉라고 현수막이 걸려 있다. 앞쪽 중앙에 연회장을 바라보며 따로 앉은 사람은 바로 오늘의 만찬을 위해 미국에서 날아온 와인평론가다. 전 세계 와이너리의 와인 시세를 쥐락펴락하는 사람이다. 복잡하고 이해하기 어려운 와인의 등급을 '파커 포인트'로 단순화해서 와인의 대중화에 앞장섰다. 또한 와인에 대한 끊임없는 열정을 전문 직업으로 전환시켜 현대 와인 비평의 새 지평을 열었다는 평가를 받고 있는 인물이다. 그가 올해 어떤 와인에 몇 점을 줬는지, 미국 나파 밸리 산 레드와인은 또 100점 만점인지 등 그가 내리는 와인의 평점은 세계의 와인산업을 움직일 정도다. 이 와인평론가에 대해 알고 있다면 와인에 관심이 있는 사람이라는 증거다.

테이블에 세팅된 메뉴판에는 오늘 식사와 함께 제공될 와인에 대한 설명이 빼곡히 적혀 있다. 첫 번째 음식이 나오면 대형 화면에 함께 제공되는 와인에 대한 소개글이 이어진다. 그리고 로버트 파커가 직접 상세한 설명을 곁들인다. 소믈리에들이 화면에 소개된 고급 와인들을 회원들의 와인 잔에 따른다. 당연히 음식과의 궁합(마리아쥬)이 고려된 와인이다.

느끼한 맛을 잘 잡은 프라그라, 비프 콘소메, 메인 송아지 안심스테이크, 셔빗에 이르기까지 셰프가 공들인 섬세한 요리가 풀코스로 제공된다. 이날 제공된 와인 중 최고가의 와인은 1995년 빈티지의 '사또 라뚜르'라고 한 병에 수백만 원이 넘는다. 매 코스마다 함께 곁들여지는 와인의 가격만을 생각해도 수백만 원이 넘는 디너인 셈이다,

VVIP 회원들만이 초청된 자리인지라 테이블마다 자부심이 넘쳐났다. 그 자리에 초청되었다는 사실만으로도 현재의 위치를 인정받은 것이다. 처음의 어색했던 긴장감도 잠시였다. 향기로운 와인이 곁들여지고, 로버트 파커의 와인에 대한 설명까지 이어지자 굉장한 만족감이 연회장에 퍼져갔다. 행사가 끝날 무렵에는 벌써 호형호제하며 다음 모임을 기약하는 테이블도 많았다.

부자들은 와인에 관심이 많다. 실제로 존경하는 분에게 드릴 선물을 위해 특별한 와인을 구매해달라는 요청을 받기도 한다. 어느 와인 마니아는 선물을 받는 사람의 출생년도와 동일한 빈티지의 와인을 선물하고 싶어 하기도 한다. 가격을 불문하고 전 세계 어디에서든 구해달라는 요청이 뒤따른다.

부자들이 와인을 좋아하는 이유는 그 가격과 종류만큼이나 다양한 스토리를 담고 있기 때문이다. 헤밍웨이의 하나뿐인 딸 마고를 위한 와인, 경매 사상 최고로 매겨진 와인, 프랑스와 미국 칠레 호주 사이의 와인을 두고 벌어지는 각종 희비 등 무척이나 많은 얘깃거리를 제공한다.

알렉산더 대왕의 와인 시노마브로, 마네가 즐긴 압생트와 화이트 와인, 천재 음악가 모차르트의 와인 마르째미노, 칠레 독립전쟁의 영웅 오히긴스와 와인 120 등 상류층들이 애정하는 와인들이 많다. 역사 속 인물들이 즐겼다는 와인 이야기는 신문이나 책에 소개되어 꼭 마셔보고 싶은 와인 리스트에 꼽힌다. 와인이 있는 자리에 초대받는다면 와인 관련 스토리 하나쯤은 알고 참석하면 모인 사람들과 자연스럽게 대화에 참여할 수 있을 것이다.

와인을 선호하는 이유 두 번째는 비싼 와인 가격 때문이기도 하다. 그들은 최고급 와인의 상품 가치를 안다. 1년에 꼭 한 번 그 해의 라벨을 달고 소량 생산된다는 것은 희소성을 의미한다. 희소성이야말로 호사가나 부유층의 수집 욕구를 자극하는 것이다. 그래서 부자들이 초대해서 비싼 와인을 대접한다는 것은 의미가 남다르다. 그들은 와인 잔을 채우며 친목을 유지하고 돈독해지기를 원한다. 와인을 화제로 이야기를 나누며 마음의 거리를 한층 좁혀가는 것이다. 유대감이 형성되면 비즈니스 관계로 이어지더라도 협력을 도모하는 일이 자연스럽게 이어진다. 이제 와인은 많은 사람이 즐겨 찾는 술이 되었다. 격식을 갖춘 자리에서는 의레 와인이 오른다. 식사를 할 때도 곁들이는 사람들이 늘고 있다.

로버트 파커의 말처럼 와인에서도 중요한 건 예술이나 미술처럼 밸런스다. 서로의 공감대를 더 풍부하게 하는 데 와인까지 곁들인다면 더 즐거운 자리가 될 수 있기 때문이다. 당신이 누구를 만나든, 어느 자리에서든 자석과 같은 매력으로 대화가 통하고 싶은 사람이 되고 싶다면 와인에 관심을 가져보기 바란다. 와인으로 화제를 이끌고 풍미 가득한 자리를 상대에게 선물한다면 자연스럽게 더 깊어진 관계를 만들 수 있다.

좋은 와인은 자석과 같아서 한 번 마셔보면 그 맛을 잊지 못하고 두 번째의 만남을 기다리게 된다. 당신의 매력도 와인과 함께 더 오래 기억될 수 있을 것이다.

03

적절한 운동으로 건강한 이미지를 만들어라

명화 속 여인들은 대부분 풍만하다. 모나리자도 그렇고, 마네의 풀밭 위의 식사에 나오는 여인도 우아한 살집을 지니고 있다. 로렌사 코르레아의 '부채를 든 여인'이나 르느와르의 누드화나 목욕하는 여인의 그림도 모두 관능미를 갖춘 살 오름을 자랑한다. 그러고 보니 깡마른 여인을 유럽의 그림에서 본 적이 없는 것 같다.

우리나라에서도 예전에는 적당한 풍채와 뱃살이 사회적 인격으로 통했다. 사장님의 풍채나 부잣집 맏며느릿감은 푸근하고 넉넉했다. 적당한 살집을 부자의 관상으로 여겼고 풍만한 몸매는 먹거리를 걱정하는 시절에 풍요로운 의식주를 반영하는 확실한 증거였다. 하지만 요즘은 아무리 완벽한 이목구비의 얼굴을 지니고 있어도 볼록 나온 뱃살과 포동포동한 팔뚝을 가진 사람들에게 멋지다고 표현하지 않는다. 살쪘다는 말은 더 이상 부의 상징도, 사회적 인격도 아닌 각종 성인병의 원인에 닿아 있다. 과체중과 비만이 개인 건강의 문제를 넘어 이미 사회적 문제가 되고 있다.

우리나라도 1995년 WHO 가입 이후 서구 식품과 패밀리 레스토랑이 유입되면서 비만이 급증했다는 통계가 있다. 미국을 필두로 비만은 더 이상 사치병, 부자의 표시라고 여겨지지 않는다. 오히려 미국에서는 빈곤층의 표식이 되고 있다. 소득이 낮을수록 비만이 될 가능성이 높다는 주장도 있다. 패스트푸드와 가공식품을 자주 먹으면서 운동할 시간을 낼 여유도 없는 상태임을 나타낸다. 즉 비만은 단순히 많이 먹어서라기보다 전반적으로 자신을 잘 돌볼 여유가 없는 상태라는 것이다. 삶의 현장에서 받은 스트레스를 제대로 관리할 시간적, 금전적 여유가 없는 것으로 인식되고 있다. 이제는 잘 먹어서 살이 찌는 것이 아니라 잘 먹지 못해서 살이 찌는 셈이다.

VVIP행사에 온 회원들을 봐도 대부분은 표준 체형의 날씬한 체형을 유지하고 있다. 이제는 정말 잘 먹고 잘사는 사람들은 군살이 없다. 삶에 대한 만족도가 늘어갈수록 군더더기 없는 삶을 살 수 있기 때문이다. 또한 자기 삶에 대한 통제가 가능할수록 만족도도 높아지고 정신적으로 스트레스도 덜하다. 비만이라는 게 섭취한 열량의 문제도 있지만 정신적인 문제까지 포함한 삶의 불균형에서 유래되기도 한다.

VVIP회원들을 초청해 의류 브랜드의 패션쇼를 기획한 적이 있다. 호텔 그랜드볼룸은 런 어웨이 무대로 꾸며졌고, 국내외 최고 디자이너의 의상들이 소개되는 자리였다. 한때 완벽한 비율을 가진 최고 미인이라는 칭송을 들었던 영화배우까지 한 무대에 올랐다.

나는 특별 이벤트로 평소 패션에 관심이 많은 CEO 여성회원들을 그날의 특별 패션모델로 섭외했다. 처음에 기획의도를 설명했을 때는 손사래를 쳤지만 평생의 멋진 추억이 될 거 같다면서 은근한 기대까지 내비치며 수락했다. 특별한 스포트라이트를 받는 날이니 만큼 2주 전부터 전문 코디네이터, 스타일리스트와 함께 준비에 들어갔다. 역시나 성공한 CEO의 근성으로 짧은 시간에 당당하고 자신감 넘치는 워킹을 선보였다. 화려한 메이크업과 돋보이는 의상으로 단연 그날의 주인공이 되기에 충분했다. 내가 태어나서 이런 걸 또 언제 해보겠냐며 특별하고 짜릿했다고 흥분된 마음을 감추지 못했다. 프로 모델은 아니지만 오랜 시간 여성 CEO로서, 성공한 과학자로서 내면의 아름다움까지 느껴지게 하는 멋진 런 어웨이였다.

그들이 날씬하고 건강한 이유는 무엇보다도 규칙적인 운동의 영향이 크다. 어렵게 성취한 부와 성공을 오래 누리기 위해서는 건강이 무엇보다 중요하다고 여기는 것이다. 바쁘고 지친 일상에서 좋은 컨디션을 유지하기 위해 노력하는 것 역시 성공하는 사람들의 특징 중의 하나다. 늘 규칙적인 운동을 즐기며 삶에 대한 긍정적인 에너지를 만들어간다.

최근 S카드의 빅데이터 분석에 의하면, 청담동은 부촌 1번지에서 헬스클럽 1번지로 변신 중이라고 한다. 청담동 헬스클럽의 가맹점 수와 증가 속도는 서울에서 가장 높은 수준이다. 건강과 여가를 중시하는 분위기가 확산되면서 서울 전체의 헬스클럽 가맹점 수도 역시 늘고 있다. 특히 강남 3구의 헬스클럽 비율은 서울 전체의 30%에 달한다. 단순히 혼자서 운동을 하는 것이 아니라, 전문 트레이너를 통해 체계적으로 PT를 받는다는 점도 특징으로 꼽힌다. 연예인이나 부자들의 PT를 담당하는 유명 트레이너들이 청담동에 몰리고, 유명인을 활용한 마케팅도 활발한 걸 볼 수 있다. 지난 2년간 서울 전역에서 가맹점 중 식당은 -3%, 유흥업종은 -7%가 줄어든 반면, 헬스클럽은 1,496곳에서 2,730곳으로 80% 이상 급증했다고 한다.

현대는 호모 헌드레드의 시대다. 건강을 잃은 채 수명만 연장되는 것도 고통이다. 이 점을 인식하고 있기 때문에 헬스클럽을 찾는 사람들은 앞으로도 계속 늘어날 것으로 보인다. 이것은 자기를 사랑하는 법이기도 하다. 휴가철에 멋진 수영복을 입기 위해서든, 건강하게 오래 살고 싶은 마음에서든 자기를 사랑해야 한다. 건강을 잃으면 모든 것을 잃게 된다.

자기관리를 잘한다는 것은 그만큼 여유를 보여주는 것이기도 하지만 무엇보다 계획적이고 규칙적인 사람이라는 인상을 준다. 조금만 나태해지면 불어나는 것이 살이고, 늘어나는 것은 허리 사이즈다. 누구를 만나든 준비된 사람이라는 인상을 주고 싶다면 건강관리, 몸 관리부터 시작해라. 특히 영업상 만나는 인간관계라면 그것 하나만으로도 신뢰를 높일 수 있다.

04

익숙함을 버리고 낯선 여행의 기쁨을 누려라

VVIP카드는 라이프 스타일에 따른 컨시어지 서비스를 제공한다. 회원에 따라 다르지만 그래도 대략적으로 많이 요청하는 분야가 있다. 개인의 요구사항에 맞춰 해외여행을 디자인해달라거나 항공, 호텔, 레스토랑 예약의 비중이 가장 높다. 요구하는 여행지에 대한 요청도 까다로운 편이다. 좀 더 차별화된 현지의 문화를 느껴보고 싶어 한다. 획기적으로 프랑스 고성을 통째로 빌려 가족만의 여행을 원하는 경우도 있었다.

'럭셔리'보다는 '유니크', 즉 특별한 경험에 초점이 맞춰진다. 어디에서나 맛볼 수 있는 흔한 최고의 레스토랑보다는 정서를 느낄 수 있는 스토리가 있는 장소를 방문하고 싶어 한다. 그 여행지에서만 누릴 수 있는 콘텐츠를 원하는 것이다.

여행 몇 달 전부터 여행 일정을 꼼꼼하게 조율하고 1년 전부터 스케줄을 체크하는 고객도 있다. 못 먹는 음식, 선호하는 여행 콘셉트, 꼭 가보고 싶은 장소나 해보고 싶은 체험 등등. 많은 질문과 스케줄 변경에 짜증도 나지만 오히려 이런 고객은 다녀온 후 만족도가 높은 편이다. 감동은 디테일에서 나온다.

자타가 공인하는 대한민국 VVIP라고 해도 생각보다 많은 사람들이 자유롭게 여행할 수 있는 건 아니다. 최고의 대기업에서 남보다 월등한 성과를 인정받아 대표이사까지 오른 회원들은 생각보다 여가 시간이 많지 않다. 우리가 모두 예상하다시피 '월화수목금금금' 쉬지 않고 달려온 사람들이다. 샐러리맨들의 신화가 된 그들에게 남들만큼 쉰다는 건 상상도 할 수 없는 일이다. 대부분 일에 매여 있는 게 생활이 되어서 그런지 그야말로 돈을 쓸 시간도 없는 경우가 많다. 카드 사용금액이 매월 몇천만 원은 가뿐히 넘는 다른 회원군과는 달리 카드 사용량도 가장 적다. 따라서 컨시어지 요청도 가장 적은 부류다. 남들이 놀 때 같이 노는 건 생각할 수도 없는 삶을 살았기에 그런 남다른 고지를 점할 수 있었는지도 모른다.

국내 굴지의 대기업에서 평사원으로 입사해 사장까지 승진한, 그야말로 남들이 부러워하는 성공을 이룬 W 대표가 그랬다. 부인을 통해서 미국 가족여행을 문의해왔는데, 제대로 된 가족해외여행은 처음이라고 했다. 그래도 대기업 대표들이 선호하는 일정으로 보내드렸더니 번번이 부담스럽다면서 좀 더 일반적인 일정을 원했다. 지중해 크루즈 여행도 프랑스 와이너리 투어도 퇴짜를 맞았다. 결국 일반 여행사의 패키지 투어를 택했다.

어딘가로 떠난다는 건 누구에게나 설레는 일이다. 쳇바퀴처럼 하루하루 별 의미를 못 찾고 방황하곤 하는 우리에게 여행만큼 일상에서 벗어나는 일탈을 꿈꾸게 해주는 것도 없다.

매일 똑같이 굴러가는 하루
지루해 난 하품이나 해
뭐 화끈한 일 뭐 신나는 일 없을까
할 일이 쌓였을 때 훌쩍 여행을
아파트 옥상에서 번지 점프를
신도림 역 안에서 스트립쇼를
_자우림의 노래 '일탈' 중에서

자우림의 이 노래에서처럼 삭발을 하거나 신도림역에서 스트립쇼는 못 하더라도 회사, 집, 학교로 이어지는 단조로운 일상에 여행은 분명 신선한 자극이다. 여행지로 점찍어둔 곳의 지도를 들여다보고 자꾸 머릿속을 맴도는 그 도시를 떠올리고 있다면 이미 여행은 시작된 것이다.

알랭 드 보통의 《여행의 기술》을 보면 해외 여행객은 관광객과 여행자로 나뉜다. 관광객은 놀라움을 싫어하고 반듯한 피라미드나 상쾌한 해변의 신선함에 끌리기는 하지만, 그것도 자신의 예상과 일치할 경우에만 신기하다는 반응이 나온다. 그들은 불확실하고 애매함을 싫어하고 납득 가능한 분명한 식단을 원한다. 그래서 처음 보는 카레나 과일, 이국풍의 정서가 환기시키는 불안감을 소화시키지 못하고 공항에 도착하기 전에 팔걸이의자에 앉아서 생각했던 선입견에 집착한다. 그런 이유로 우리의 패키지여행도 해외 어디로 가든 꼭 김치찌개와 삼겹살이 식사로 제공되는 건 아닌가 싶다.

비행기나 기차를 타고 이동할 때 낯선 풍경과 함께 생각이 자유롭게 뭉게뭉게 피어나는 경험이 있지 않은가? 가만히 방에 갇혀 생각을 했을 때보다 훨씬 많은 생각들을 만날 수 있다. 비행기 안에서 그동안 풀리지 않았던 자신과의 대화 실마리가 풀린다거나, 여행지에서 만난 낯선 자연과 공기가 돌아온 뒤에도 상기하며 그것이 일상을 얼마나 활기차게 만드는지 알기에 오늘도 사람들은 여행용 트렁크를 꾸린다.

하지만 더 중요한 일은 왜 여행을 하는지 스스로 질문을 해봐야 한다. 다양한 감정을 느끼고 일상으로 돌아가는 새로운 에너지를 얻게 되는 것도 물론 여행의 장점이다. 하지만 일상과 일탈은 그리 큰 경계가 아니다. 일상의 사물에 새로운 매력을 느낄 수 있고, 관습적인 무관심에서 벗어나 우리 앞의 아름다움을 경이롭게 바라볼 수 있다면 일상에서도 일탈이 가능하다.

이기심과 둔감함으로 보고 있어도 보지 못하고 귀가 있어도 듣지 못하는 소리들은 없을까. 또 심장이 있어도 느끼거나 이해하지 못했던 것들이 얼마나 많을까. 알랭 드 보통이 말하는 여행의 기술은 '바로 생각하고 보는 것'이다.

여행을 통해 내면의 거울부터 깨끗하게 닦는 과정이 필요하다. 일상에 새로운 매력을 부여하는 것이다. 매일 걷는 길에서 만나는 사람과 사물에서 세상의 아름다움과 경이로움을 발견할 수 있다면 삶의 안목을 넓혀가는 것이다. 익숙함을 버리고 더 많은 설렘과 기쁨을 누릴 수 있는 감정의 전환이 일어나기 때문이다.

어느 날 그냥 스쳐 보냈던 일상들이 다르게 느껴진다면 지구별을 여행하고 있다고 생각하라. 신선한 기쁨이 찾아들 것이다.

05

눈을 들어 주위를 보고 사람을 품어라

1967년 하버드대학 심리학 교수 스탠리 밀그램은 전 세계 인구가 70억이 넘지만 '6단계만 거치면 모두 아는 사이'라는 연구 결과를 밝혔다. 실제로 누군가를 만나 얘기를 하다 보면 친구의 친구는 내 동창이며 엄마 친구 딸이 옆 부서의 김 대리인 세상이다. 알게 모르게 인간관계가 점점 더 밀착되는 세상이다.

우리는 학교나 직장에서 마음이 맞는 사람끼리 가깝게 지낸다. '유유상종'처럼 나이나 지위고하를 막론하고 자신과 취향이나 성향이 비슷한 사람끼리 자주 대화를 나누고 함께하는 시간이 많아진다. 자신과 비슷하다는 생각이 드는 순간 우리는 심리적인 거리를 좁히고 편안함을 느낀다. 교육수준, 연령, 정치성향, 종교, 사회적 지위, 직업 등 기준도 다양하다. 물론 살아온 배경이 전혀 달라도 공감 가는 어느 부분에서 강하게 동질감이 작용하면 할 이야기가 많아진다. 전혀 모르는 사이라도 자녀 얘기로 카페에서 시간가는 줄 모르고 이야기를 나누기도 한다.

부유층의 리그는 훨씬 좁다. 어느 집 자제라는 닉네임이 어릴 적부터 따라다니고, 그들이 다니는 학교나 모임에서 자주 만나는 사람들로 우리 사회 안의 작은 그룹이 형성된다. VVIP카드 회원들 중에도 어릴 적부터 서로 알고 있는 경우가 많다. 특히 2세들은 친한 동네 형, 유명사립 초등 동기, 그룹과외 동기, 유학 동기 등으로 얽혀 일찌감치 친분을 교류한다. 여러 부류와 어울리지 않으며 이너서클 안에서 인맥을 공고히 다지고 결속력을 높인다. 무엇보다 자라온 환경이나 집안, 배경, 사회적 지위가 비슷해 말도 잘 통하고 취미와 관심사도 놀랍도록 유사하다는 점이 그들을 하나 되게 한다.

우리나라 상류층 사람들은 대개 두 개 이상의 사교클럽에 가입되어 있는 경우가 많다. 그들끼리 함께 어울려 여가를 즐기기도 하지만 사교클럽에 나가는 큰 이유는 비즈니스와 관련해 서로 도움을 주고받기 위해서다. 해외여행을 함께 다니고 쇼핑도 함께하며 가족들끼리도 친분을 유지한다.

서울클럽은 우리나라를 대표하는 최고의 사교클럽이다. 고종황제가 구한말 외국인과 내국인의 교류를 위해 만들었다는 이 사교클럽은 회원권만 8천만 원에 연회비는 따로 4백만 원을 받지만 대기자가 넘친다. 애초에 천 명 정도로 자리가 한정되어 있고, 회원 가입을 하려면 기존 회원 2명 이상의 추천을 받아야만 그나마 대기자 명단에 이름을 올릴 수 있다. 재력은 물론 가문, 사회적 지위, 문화적 소양 등을 두루 살펴본 후 가입이 가능한 건 당연하다. 역사가 오래된 만큼 세련되거나 화려한 맛은 떨어지지만, 100년이 지난 지금까지도 전통과 인맥의 힘으로 인정받고 있다.

가입 문턱이 높다 보니 눈치 보지 않고 그들만의 리그를 형성한다. 회원끼리만 이용할 수 있는 시설 덕분에 자녀의 사생활 노출을 꺼리는 젊은 상류층까지 확보하고 있다. 대한민국을 대표하는 재벌가도 회원인 경우가 꽤 많다. 회원의 절반을 차지하는 외국인들도 글로벌화를 중시하는 상류층에겐 더할 수 없는 매력으로 작용하고 있다.

오픈 당시 1억 원이 넘는 가격에 회원권을 분양하며 야심차게 개장한 호텔이나 리조트들도 비슷하다. 수백 개의 객실을 갖추고 불특정 다수 고객을 상대로 서비스하는 호텔과는 다른 방식을 택하기도 한다. 좀 더 은밀하고 사적인 공간을 만들어달라는 까다로운 소수의 요구에 부응하는 전략을 구사한 것이다. 평범한 호텔들과는 다르게 특색 있는 객실만을 보유하고 있으며 동남아 리조트 부럽지 않은 야외수영장으로도 유명하다. 이런 사교클럽의 회원권이 곧 상류층의 증표인 셈이다.

이런 클럽의 핵심은 바로 인맥이다. 부자들은 혼맥, 학맥으로 얽혀 자신들만의 공고한 카르텔을 형성하려고 한다. 즉 철저히 사람을 가리고 포지션과 자산 규모에 따라 어울린다. 프라이버시가 지켜지는 환경에서 같은 계급에 속한 사람들과 만나 정보를 교류한다. 대부분이 해외 유학의 경험이 있기에 파티문화나 사교문화에도 익숙한 편이라 유흥도 함께 즐긴다. 그로 인해 비리와 일탈 등에서도 함께 연루되는 부정적인 영향을 끼치기도 한다.

긍정적으로 볼 수 있는 건 우리나라 상류사회도 달라지고 있다는 점이다. 과거에는 재벌가 여성들의 봉사활동이나 자선봉사 등의 보여주기 식의 행사가 중심이었다면, 이제는 봉사가 자신들의 의무라고 생각하는 부유층이 늘고 있다. 단순히 돈을 후원하는 것이 아니라 의료봉사 등으로 정기적인 봉사를 다니는 사람도 많다. 과거에는 기부가 단지 자선의 의미였다면 이젠 공익적 측면으로 확대되고 있다.

비슷한 부류의 사람들과 어울리면 편할 수는 있으나, 새로운 자극이나 발전은 기대하기 힘들다. 자신과 그룹을 형성한 집단만 국한해서 생각하게 되고 타인에 대한 관심이 줄어든다. 그만큼 배려와 이해심이 줄어드는 것이다. 다른 사람의 피해는 아랑곳하지 않고 자신과 동료만 좋으면 그만이라는 이기주의는 반드시 극복해야 할 태도다. 자신과 비슷한 환경에만 머무르지 말고, 유유상종을 넘어 더불어 사는 공동체를 이끌 수 있어야 한다.

06

어려운 사람일수록 소신과 당당함으로 상대하라

카드회사는 회원들에게 연회비를 받고 가맹점으로부터는 카드사용 수수료를 받아서 운영된다. 연회비를 기준으로 일반카드부터 프리미엄 카드, VVIP카드 등으로 나누고 있는데 연회비가 없는 카드에서부터 몇 백만 원의 연회비를 받는 카드까지 구성되어 있다. 당연히 회원이 내는 연회비에 비례해서 다양한 서비스와 혜택이 제공된다. VVIP카드 회원들에게는 그야말로 커스터마이징(1:1맞춤)된 서비스가 주어진다. 기성복과 수제맞춤양복의 차이라고 생각하면 될 것 같다.

내가 근무했던 부서에서는 프리미엄 카드부터 VVIP카드를 담당했다. 그중에서도 VVIP카드는 몇백만 원의 연회비도 이슈였지만 가입하고 싶어도 아무나 받아주지 않는 콧대 높은 카드로 유명

했다. 사실 우리 부서에서 론칭한 카드는 후발 주자로서의 리스크가 있었다. 이미 유명한 H사의 카드가 있었기 때문이다. 그래서 어떻게 하면 말로만 최고의 예우를 하는 것이 아니라 진짜 VVIP로 대한다는 걸 보여줄 수 있을까 고민했다.

우선 고객이 카드를 처음 받아보는 순간부터 차별화를 꾀했다. 일반적인 배송직원이 아니라, 당사 임원 때론 사장이나 담당 팀장들이 직접 카드를 전달한다. 그 자리에서 카드 이용에 바라는 점이나 그간 불편했던 점까지 모든 이야기를 듣는다. 그냥 듣고 오는데 그치는 것이 아니라, 그 내용은 관련 직원이 반드시 참고하여 서비스가 이뤄질 수 있도록 한다. 회원의 불편을 최소화하겠다는 원칙이다. 그래서 회원이 카드를 이용할 때나, 전화 통화 시에도 반드시 고객의 성향을 숙지하고 응대한다. 카드를 받는 자리에서 명함을 교환하기에 회원들은 불만사항을 임원이나 팀장에게 직접 전화를 하는 경우가 많다. 실무를 하는 사람들에게는 부담스러운 일이지만 고객과 안면이 있는 임원의 입장에서는 더 책임감 있는 서비스를 챙기게 된다.

콜센터 상담원이 컴퓨터의 기계음으로 바뀌는 추세이지만 VVIP 상담은 절대 기계가 답하지 않는다. 벨소리가 3번 울리기 전에 응대하게 되는 전담 컨시어지 전문상담원까지 있다. 1차 응대한 직원은 해당 내용을 담당자들에게 전달한다. 그래야만 고객들의 문의는 통합적으로 관리되어 응대직원이 바뀔 때마다 다시 상황을 설명해야 하는 번거로움이 없다. 섬세한 서비스로 경제적으로 성공한 부류이자 교육과 생활수준이 높은 고객의 만족도를 높인다는 영업 전략이다.

VVIP카드 판매를 위해서는 무엇보다도 프리미엄 라이프를 이해하는 것이 먼저다. 그래서 회사에서는 수시로 상류층의 라이프 스타일을 이해할 수 있는 교육을 진행한다. 비즈니스 매너, 해외항공이나 여행 시 필요한 정보들, 와인이나 문화 예술에 대한 이해를 통해 고객의 라이프를 숙지하도록 하는 것이다. 그들의 요구를 이해하지 못해서 벌어지는 불상사를 막기 위한 조치다. 그들은 직업에 대한 프라이드가 강하고 스스로에 대한 자존심도 강한 편이다. 이런 전문가 그룹의 고객을 공략하려면 배우겠다는 겸손한 마음으로 접근하되 자신도 스스로 전문가적인 지식과 이미지로 무장해야 한다.

전문가 고객군은 직종별로 커뮤니티가 형성되어 있다. 자격획득이 어려운 직업군일수록 모임의 구속력과 동지의식이 강하다. 이들의 호응을 얻기 위해서는 첫 만남에서 그들의 의심을 잠재울 수 있는 지식과 실력, 매너를 인정받아야 한다. 그들에게 필요한 서비스가 무엇인지 철저하게 조사해서 준비하는 게 실력이다. 그 분야에 정통한 전문가까지는 아니라도 상식 이상의 선에서 소통이 된다는 인정을 받아야 소개를 통해 회원을 확보할 수 있다. 뜨내기손님 대하듯 한 번 팔면 끝이라는 접근은 위험하다. 장기적인 안목으로 접근하는 것이 중요하다. 담당직원이 자주 바뀌는 것도 그들에게 신뢰를 줄 수 없다. 그들은 믿는 사람을 통해 오래 관계를 유지하려 하기 때문이다. 이들을 상대로 유난히 높은 실적을 내는 세일즈맨에게는 공통점이 있다.

첫째, 무엇보다 상품에 대한 애정과 정확한 상품 분석이다. 경쟁사 모두 비슷한 카드를 출시하고 있고 사실 상품도 모두 비슷해지는 경향을 보인다. 그 가운데서 자신이 팔고 있는 카드 상품의 장단점을 정확히 알고 있어야 고객을 설득할 수 있다. 또한 경쟁사의 서비스까지 하나하나 분석하고 있어야 한다. 고객들은 분명 경쟁사의 좋은 서비스를 언급하게 마련이다. 또한 의외로 회사의 대표적인 서비스보다 아주 사소한 편의에 관심을 가질 때가 많다. 이때 대충 얼버무리거나 나중에 알려드린다는 응대는 옳지 않다. 항상 회사나 주위 동료들에게 확인하고 물어보는 모습을 보이는 것도 세일즈맨으로서 자격이 떨어진다. 자신이 파는 상품에 대해 확실하게 알아야 고객을 설득할 수 있다. 까다로운 전문직 고객을 만족시키려면 세일즈맨도 전문가가 되어야 한다.

둘째, 당당한 태도를 유지해야 한다. 상대하는 고객이 전문가이자 최상류층의 사람이라고 해서 지나치게 굽신거리거나 아부하는 식의 접근은 절대 금물이다. 당신도 동등한 인격을 가진 사람이라는 인식을 확고하게 가져야 한다. 왠지 모르게 그들 앞에 서면 주눅이 드는 것은 사실이다. 보이지 않는 벽이 느껴지고 풍기는 분위기에서 일반인들과 확연한 차이점이 눈에 보인다. 하지만 당신도 자기 업무 분야에서는 전문가다. 상대는 당신의 설명을 듣고자 미팅을 신청했고, 기꺼이 만나주고 있는 것이다. 그러므로 주위 환경이나 배경은 잊어야 한다. 오로지 상품설명에 집중하고 자신감을 잃지 말아야 한다.

셋째, 존중과 신뢰를 보여야 한다. 그들의 성공을 인정하고 사회에 끼치는 영향에 대해 평가하는 데 인색하면 안 된다. 그들도 부자이기 이전에 사람이다. 자신이 한 일에 대한 긍정적 평가를 받으면 흐뭇하다. 상대적 평가는 곤란하다. 경쟁업체나 라이벌 의식이 있는 사람을 언급하는 것은 금물이다. 오로지 그 사람의 일과 성과에 대해서만 주제로 삼고 긍정적 평가를 해주어야 한다. 그의 실수나 실패는 상대가 먼저 언급하기 전에 화두로 삼아서는 안 된다.

VIP 세일즈에 대해 많은 사람들이 부담스러워 한다. 그들에게 걸맞은 명품을 사용해야 하고 고급 음식점만 다녀야 하며 수입 자동차를 중고로라도 뽑아야 한다고 여긴다. 그러나 결론적으로 말하면 그런 것들은 효과적이지 않다. 겉모습만 치중한다는 인상을 주기 때문이다. 고객에 대한 이해와 존경이 어설프게 치장하는 것보다 훨씬 중요한 VIP 세일즈맨의 자질이다.

사람들은 가치보다 가격에 더 주목한다.
하지만 가격은 당신이 지불하는 것이고 가치는 당신이 얻는 것이다.
워렌 버핏

PART 8

소비

노력한 결과가 가져온 기쁨

풍족하면 풍족할수록 좋은 것이 재물이다. 먹고, 입고, 사는 문제를 보다 더 편리하게 영위할 수 있게 해주기 때문이다. 재물이 많으면 행복할 것이라는 합리적 추론이 가능한 것도 돈이 없어서 못 하는 것이 많기 때문이다. 그래서 소비할 수 있는 능력은 그 여유만큼 기쁨이다. 그러나 소비를 위한 노력은 우리를 힘들게 하고, 돈의 노예로 전락하게 만든다. 소비에 대한 자기 기준을 정할 때는 기쁨과 만족도가 커지고, 삶의 질이 달라진다.

01

일확천금을 꿈꾸지 마라

간도 쓸개도 다 빼줘야 하는 힘든 직장생활, 그래도 며칠만 버티면 월급이 들어온다는 사실에 샐러리맨들은 고단한 하루하루를 견뎌낸다. 그런데 막상 월급이 들어와도 들어오기도 전에 이미 나갈 곳은 정해진 경우가 많다. 학원비, 은행이자, 각종 공과금에 관리비까지 아무리 빠듯하게 살림을 꾸린다고 해도 썰물처럼 빠져 나간다. 어차피 월급을 모아 부자가 되기 어렵다면 월급날의 작은 기쁨이라도 누리고 싶은 마음이 발동한다.

"겨우 이 정도의 돈을 썼다고 해서 내가 부자가 되지 못한 것은 아니지. 수입이 절대적으로 부족할 뿐이야."

자신의 소비패턴이 내가 가진 것을 최상으로 활용하고 있다고 믿으며, 몇 번을 고민한 뒤 카드로 결제를 한다. 그리고 쌓여가는 카드 할부금으로 마음은 그만큼 더 무거워진다. 이것이 일반적인 월급쟁이의 삶이다.

그런데 부자는 돈에 대한 생각이 다르다. 아무리 작은 금액이라도 일단 쓰고 보자는 식으로 행동한다면 지금의 두 배를 벌더라도, 써야 하는 곳은 항상 두 배 이상으로 늘어나 결국 수중에 들어오는 돈은 없다고 생각한다. 자산 가치 몇백억에서 몇천억을 상회하는 재산을 가진 부자들일지라도 할인이나 무료 서비스에는 민감하다. VVIP카드의 혜택 중에는 공항에서 무료로 발렛 파킹을 해주는 서비스가 있다. 사실 실비로 따진다면 몇만 원의 비교적 저렴한 비용이다.

하루는 굉장히 화가 난 회원의 전화를 받았다. 서비스 교육이 안 된 아르바이트생이 공항 발렛 비용을 청구했다는 내용이었다. 지금 공항에서 기다리고 있으니 당장 해결하라는 것이다. 단 한 푼이라도 쓸데없이 자기 돈이 나가는 건 용납하지 않겠다는 회원의 태도를 보면서 "있는 사람이 더해.", "저래서 부자가 되었나 보군."이라고 다들 한마디씩 했다. 그런데 생각해보니 그 사람은 정당한 요구를 하고 있었다. 그런 서비스가 있다는 안내를 받고 카드회원이 되었고, 그에 상응해서 거액의 연회비를 지불하고 있는 것이다. 자기 권리를 당당하게 요구하는 것으로 봐야 한다. 냉정하게 따지자면 회원가입 약관에 나와 있으니 정당한 요구였다.

자수성가해서 기업을 일군 사람에게 부자 되는 비법을 알려달라고 농담처럼 이야기를 건넨 적이 있다. 그의 대답은 심플했다. 10원을 10원으로 생각한다면 영원히 부자가 될 수 없다는 것이다. 10원이 100원이 되고 1000원이 되는 그림을 볼 수 있어야 한다고 했다. 흔히 매달 10만원씩 적금을 부으면 1년이면 130만 원을 받는다고 할 때, 부자의 마인드가 없는 사람이라면 30만 원을 사용하고 나머지 100만 원을 다시 투자할 생각을 한다고 한다. 그러나 돈에 대한 속성을 아는 사람이라면 어떻게든 20만 원을 채워서 150만 원을 재투자하는 법을 찾는다는 것이다. 이렇게 평생을 살아오다 보면 큰돈에 대해서도 단기간의 욕망에 휩쓸리지 않고 합리적으로 부를 늘려갈 수 있는 방법이 보인다고 한다. 무심결에 고개를 끄덕이는데 한 방 맞은 것 같은 충격이 느껴졌다. 그 엄청난 자산이 10원을 아끼는 데서 시작했다는 걸 생각해본 적이 없었던 것이다.

그는 월급을 받으면 어디에 쓸까를 생각하지 않았고, 무조건 저축부터 하고 남은 돈으로 생활하는 게 습관이 되었다고 한다. 얼마를 버느냐가 중요한 것이 아니라 얼마나 저축하느냐가 중요한지를 아는 사람이 부자가 된다는 것이다.

학교 다닐 때 부잣집 아이는 늘 용돈이 빠듯한데 평범한 집 아이가 오히려 아이 기를 안 죽이며 키우겠다는 부모의 영향으로 남들 몇 배의 용돈을 받고 펑펑 쓰는 것을 본 적이 있다. 부모의 잘못된 경제관념이 자녀에게 그대로 전수되는 건 무서운 예다. 어쩌면 물질적인 상속보다 훨씬 경계해야 할 마인드다. 부모가 돈을 제대로 벌고, 제대로 관리하는 모습을 보고 자란 아이들이라야 돈의 속성을 제대로 알게 된다.

우리는 자녀에게 돈의 가치를 제대로 가르치고 있는지 자문해보자. 돈을 달라는 대로 주면 아이를 망치는 지름길이 된다. 달라는 대로 다 주면 아이는 돈의 가치를 알지 못한다. 돈은 땀 흘린 대가라는 사실을 분명히 깨닫게 해야 한다. 사고 싶어 하는 욕구를 어려서부터 통제할 줄 알게 키워야 한다. 아무리 많은 재산을 상속해준다고 해도 돈 관리법을 모른다면 밑 빠진 독에 물붓기다.

지금 당신 지갑에 정확히 얼마가 있는지 아는가? 지갑에 얼마가 있는지 통장에 얼마가 있는지 모르는 사람이라면 부자의 삶과는 조금 멀어져 있다고 생각하면 된다. 지금이라도 소비패턴과 지출 패턴을 파악하는 것이 돈에 지배당하지 않고 부를 키우는 방법이다.

부자는 현금을 선호하고, 카드 현금서비스는 잘 이용하지 않는다. 부자들이 카드를 경계하는 이유는 지출에 대한 감각을 무디게 해서 과소비와 충동구매로 이어지기 쉽고, 계획적인 소비를 방해한다고 여기기 때문이다. 여러 장의 카드를 가진 부자는 없다. 꼭 필요한 한 두 장의 카드만을 사용하며 철저하게 돈 관리를 한다. 물론 부자들도 현금서비스를 받는 경우가 있다. 다만 충동적으로 돈을 ATM기에서 뽑아 쓰지는 않는다. 외상이면 소도 잡는다는 마음으로 일단 쓰고 보자는 부자들은 없다. 하루, 한 달, 일 년 단위로 수입과 지출의 흐름을 꿰고 있는 사람들이다.

우리도 감정적이거나 충동적으로 돈의 개념에 다가서면 안 된다. 결국 종잣돈으로 이어지는 흐름을 구체적으로 인지하고 푼돈에서도 그 위력을 보는 눈이 우리를 부자로 만든다.

아무리 부자가 되고 싶다고 해도 돈이 살아가는 목적이 되어서는 안 된다. 절대로 일확천금을 획득하는 요행을 바라지 말자. 자기 인생에서 잭팟이 터질 일은 없다고 믿는 편이 훨씬 유리하다. 주식대박, 비트코인 등 요즘 사람들 사이에서 인생 한방을 기대하는 사람들이 많다. 그러나 결과적으로 성공한 사람은 거의 없다. 전무하다고 봐도 된다.

짧은 시간에 큰돈을 벌려는 욕심을 버려야 한다. 바로 그 욕심 때문에 사기도 당하고 눈 뜨고 코 베임을 당한다. 좋은 기회는 발품팔고 공부해야 하는 것이고 지금 이 순간을 열심히 사는 것이다. 돈 새는 구멍은 의외로 미세한 틈이지 엄청난 구멍이 아니다.

02

부자들도 돈 걱정에는 끝이 없다

천억 대 자산가로 알려진 이 대표는 항상 돈이 없다고 말한다. 강남에서도 꽤 알아주는 알부자라고 소문난 그가 돈이 없다는 말은 지나가던 개가 웃을 일이라고 생각했다. 주변에 부자들이 많으니 상대적 빈곤감을 느끼는 것이라고 치부하고 넘겼다. 그런데 사실 그는 몇백억 빌딩을 매입하기 위해서 돈이란 돈은 싹 다 투자했다고 한다. 그리고 또 새로운 투자를 하려고 돈을 끌어 모으고 있었다. 그러니까 돈의 개념과 스케일이 내가 생각하는 것과 180도 달랐던 것이다.

충분한 자산가인 그는 언제나 투자를 염두에 두고 사물을 보며 돈을 생각하고 관심을 접근시켰다. 평생을 부동산 매입과 차입으로 자산을 불려온 이 대표의 성공 비결이기도 했다.

부동산 자산 비중이 높은 이 대표가 VVIP카드 회원가입을 위해 자격 증빙 자료들을 보내왔다. 빌딩 등기, 주식보유액, 은행 예금확인서 등등 두툼한 봉투가 그의 재력을 말해주고 있었다. 살펴보니 과연 은행 부채 없는 알토란 같은 건물들이었다. 현금으로 몇십억이 들어있는 통장도 보내왔다. 그런데 놀라운 건 그가 보내온 건물등기와 예금확인서가 모두 그의 명의가 아니라는 점이었다. 배우자 이름으로 되어있든지 일찌감치 자녀의 이름으로 돌려놓았던 것이다.

세금 문제 때문에 자신의 명의가 아닌 사례는 흔하다. 막대한 토지와 건물을 실질적으로 보유하고 있음에도 모두 지인의 명의를 동원해 가지고 있는 경우는 가입이 거절된다. 그뿐이 아니다. 조세 피난처로 알려진 지역이나 홍콩의 페이커 컴퍼니를 자료라고 떡 하니 내놓는 경우도 있다. 그렇게 세금을 안 내는 사람에게 VVIP카드의 명예가 돌아가기는 힘들다. 열심히 일해서 많은 돈을 벌고 그에 합당한 거액의 세금까지 꼬박꼬박 내야 우리가 인정하는 진정한 VVIP다.

부자들이 세금에 매우 민감한 것은 사실이다. 불법과 편법을 이용해 상속세를 피해가고 싶고 재산세나 부동산보유세, 종합소득세 등을 적게 내려고 고민한다. 반면에 귀찮은 구설을 피하기 위해서라도 합법적 절세를 고민한다. 탈세로 시끄러워져 입방아에 오르는 것도 성가신 일이다. 그래서 금융권 VVIP 고객을 위한 절세 강

좌는 항상 인기다. 실제로 아들이나 손자 3대에 걸친 안전한 상속과 증여 또한 부자들의 큰 과제다.

보험은 부유층에겐 위험을 대비하기 위한 용도가 아니다. 자산가들 사이에서 종신보험은 상속의 또 다른 이름인 경우가 흔하다. 그들이 한 달에 불입하는 보험료는 상당한 수준이다. 상품에 따라 다르겠지만 매월 몇백만 원에서 몇천만 원씩을 붓기도 한다. 자식 입장에서는 아버지가 돌아가셨을 경우, 아무 세금 없이 몇십억 원 이상을 상속받을 수도 있기 때문이다. 한 자산가는 손자가 태어나자마자 자기명의로 매월 수백만 원씩의 종신보험을 붓고 있다. 손자가 성년이 되었을 때 수십억 원의 자금을 고스란히 손에 쥐어줄 수 있기 때문이다.

언론에 고액 체납자들이 심심치 않게 보도된다. 2012년 말 기준으로 5억 이상 체납한 고액체납자는 모두 7천여 명이고, 액수로는 12조가 넘는 금액이다. 이들은 대부분 위장 이혼 상태인 걸로 알려졌다. 그와 관련된 안타까운 일화도 있다.

어느 날 한 특급 호텔 로비에서 소동이 벌어졌다. 부인이 지금 이 호텔에 장기 투숙 중인지 확인해달라는 막무가내 중년 남성의 고함이 요란했다. 프라이버시 보호가 생명인 호텔에서 당연히 알려줄 리가 없다. 남편은 처음에는 내가 누군 줄 아느냐 내가 이 호텔 생겼을 때부터 VIP고객이라고 호통을 치더니만 나중에는 거의 울면서 애원하는 지경이 되었다.

고액 자산가인 그는 몇 년 전 몇백억대 부동산을 팔고도 세금을 내지 않았다. 처음부터 탈세를 하려고 생각했기 때문에 자산을 모두 부인 명의로 돌려놓고 합의이혼을 했다. 위장이혼이었던 셈이다. 그동안 말은 안 해도 돈 때문에 꾹 참고 살았던 부인 안씨는 남편의 폭언과 폭력, 외도까지 눈감아주며 이 날을 기다려왔다. 법적으로 그 많은 자산이 자신의 명의가 되자 결단을 한 것이다.

돈이 진짜 무서운 이유는 부부, 부모자식, 형제간의 눈도 멀게 하기 때문이다. 부모가 돌아가신 재벌가는 형제의 난으로 시끄럽다. 재벌가의 유산다툼이나 상속으로 고소고발 사태가 불거지고, 재산 분배로 인한 갈등으로 부모 제사도 따로 올리는 집안도 있다. 이런 것을 보면 돈이 너무 많아도 문제인 것 같다.

C 원장은 전통적인 부촌에 병원 빌딩을 소유한 데다 잘나가는 노화방지 클리닉을 운영하는 전문의였다. 그녀의 20대 아들은 VVIP 가족 카드 회원이었다. 이럴 경우 가족 카드의 한도는 회원의 카드 한도 금액 내에서 같이 사용할 수 있었다.

그런데 C 원장은 항상 아들이 가장 큰 고민이라고 했다. VVIP카드를 손에 쥐어 주고 싶지 않았는데, 워낙 조르는 바람에 어쩔 수 없이 승낙해주었다고 하소연했다. 원장은 1억 원이나 되는 신용카드 한도가 부담스럽다고 틈만 나면 담당 부서로 전화해서 한도를 줄여달라고 요청하곤 했다. 그런데 신용카드 한도금액이 줄어든지 모른 채 수입차를 구매하려다가 거부당한 아들이 다급하게 카드

사로 전화해오는 걸 보니, 그녀의 고민이 단순한 염려가 아니었구나 하는 생각이 들었다.

우리가 힘들게 돈을 버는 궁극적 목적은 대부분 '가족' 때문이다. 돈을 벌어 가족이 원하는 것을 이루며 행복해한다. 다 주어도 아깝지 않은 게 가족이다. 또 한편으로는 돈 때문에 가족 갈등이 생기기도 한다. 너무 돈이 많아도 문제가 되지만 너무 없어도 다툼이 일어난다.

가정이 원만하지 않으면 삶의 목표를 상실하게 된다. 가장 사랑하고 응원하는 가족이 흩어진 상황에서 돈은 아무 소용없다. 성공한 사람들의 책상 위에는 대부분 가족사진이 놓여 있는 경우가 많다. 진짜 자신의 편을 소중하게 생각하는 것이다.

03

명품에 사로잡히지 말고 스스로 명품이 되어라

쌍둥이자리의 수호신인 에르메스는 그리스 신화에서 제우스의 아들이자 신들의 전령으로서 메신저 역할을 하고 있다. 태어난 지 얼마 안 되었을 때 요람에서 빠져나와 아폴론의 소를 훔쳤는데, 이때 뒤를 밟히지 않도록 소의 꼬리를 끌어 뒷걸음질로 끌고 가는 지혜를 발휘했다. 성인이 되어서는 제우스를 비롯한 신들의 의사를 전달하는 사자로서 활약했으며, 죽은 자를 저승으로 안내하는 역할을 맡아 '영혼의 인도자' 사이코포모스라는 별칭을 갖게 됐다. 그 모습은 날개가 달린 넓은 차양의 모자를 쓰고, 발에는 날개가 달린 샌들을 신었으며, 손에는 케리케이온이라는 전령의 지팡이를 들고 있는 것이 특색이다. 당연히 기민하게 움직일 수 있는 신발과 모자(네이버의 상징), 마법의 지팡이로 어디든지 이동하며 신들과 인간의 다양한 욕망을 전한다.

우리에게는 명품 중의 명품으로 에르메스 이름이 알려져 있기도 하다. 돈이 있어도 살 수 없는 가방으로 유명한 브랜드다. 대량 생산의 프로세스를 갖고 있는 대중적 명품이 아닌 "5대에 걸쳐 내려오는 이태리 장인이 한 땀 한 땀 정성을 다해 만든다."는 작품이다. 공장 라인에서 조립된 공정이 아니라 장인이 처음부터 끝까지 손으로 모든 공정을 만들어내는 가방이라는 특별한 스토리를 담고 있다. 가격대만 해도 보통 수천만 원 단위는 기본이고 타조가죽이나 악어가죽 소재는 억 단위를 호가한다.

장인의 정신이 담긴 최고의 상품과 아름다운 물건을 갖고 싶다는 욕망이 비난받을 일은 아니다. 전 세계 박물관에 전시된 수많은 예술품이 그 당시 부자들이 사용했거나 그들의 기호에 맞춰 제작되었음을 생각해보면 오늘날의 행태만도 아니다.

부자들은 비싸다는 이유만으로 덮어놓고 무조건 사는 소비자가 아니다. 왜 비싼지, 그걸 구매했을 때 내게 어떤 가치가 제공되는지가 수긍이 되어야만 구매한다. 사실 부자들이라고 해도 돈을 쓰는 데 있어 목표에 대한 관리가 뚜렷하다. 반면 그들에게도 과시적 소비를 통해 남들과 달라 보이려는 단순한 욕망도 있다. 단번에 난 "너희와 다르다."라는 메시지를 전달할 수 있으니 말이다. 하지만 무엇보다도 장인의 작품을 소유했다는 뿌듯함을 즐길 수 있기에 선택한다. VVIP카드는 바로 이런 면에서 그 명품가방과 흡사한 효과를 낸다. 자신에게 성공했다는 자부심을 줄 수도 있고 또한 그 성공을 사회에서 인정받는다는 의미이기 때문이다.

탄탄한 중소기업의 후계자인 젊은 사업가의 인상은 다른 부자들의 모습처럼 유쾌하고 자신감이 넘쳐 보인다. 재력, 학력, 거기에 얼마 전 결혼한 아나운서 출신의 아내까지 다 갖춘, 성공한 젊은 부자의 인상이었다. 그가 VVIP 신용카드를 신청한 이유는 에르메스 벌킨 백 구매 대행을 위해서였다. 카드가 발급되자마자 바로 출산한 아내 선물로 몇천만 원짜리 가방을 구매하더니, 몇 달 후 다른 색상의 가방 1개를 더 구매해달라고 했다. 사실 그의 어머니도 이미 몇 개가 있기는 한데 아내에게만 사줄 수 없어 어머니를 위한 선물로 구매를 요청한 것이다. 평범한 직장생활을 하는 우리로서는 감히 엄두도 내지 못하는 일이 그에게는 일상일 수 있다. 이런 게 위화감인가 싶지만 그는 자신에게 맞는 소비를 즐길 뿐이다.

맘먹고 떠난 유럽여행에서는 쇼핑이 주요 목적이 될 때도 있다. 물론 명품구매만을 위한 여행은 아니겠지만 이왕이면 쇼핑도 즐기고 오자는 식이다. 부유층의 쇼핑장소 중 면세점이나 해외 매장 비중이 높은 이유다. 가죽가공으로 유명한 이태리 밀라노의 프라다 매장은 들어가는 것부터 녹록치가 않다. 쾌적한 쇼핑과 직원들의 원활한 서비스를 위해 매장에서 쇼핑하는 인원을 제한하기 때문이다. 이태리로 신혼여행을 떠났던 친구의 경험처럼, 무턱대고 문을 열고 들어갔다가 직원에게 상황을 전해 듣고 민망해하는 것도 잠시라고 했다. 옆을 보면 이미 긴 줄이 형성되어 있고, 줄을 서 있는 다수가 동양인이라는 게 이제는 놀랍지도 않다는 것이다.

명품에 대한 선호는 신흥경제부흥국가에서 더 두드러진다고 한다. 비교적 계급이 정착된 유럽 등지와는 달리 돈만 있으면 최고가 될 수 있다는 현실이 지배적인 나라에서라면 더하다. 돈이 많아서 최고급 명품을 걸칠 수 있으면 "내가 상류층이다."라고 주장할 수 있다고 생각하는 것이다.

아무리 상류층에게만 허락된 사치품이라고 해도 평범한 우리들이 그 세련됨과 명품의 이미지를 잠시 탐했다고 그리 큰 죄가 되는 건 아니다. 다만 분수에 맞지도 않게 누군가에게 보여주기 위한 허영 가득한 쇼핑이라면 경계해야 할 일이다.

명품을 고르기 위해 들이는 시간만큼이나 자신의 삶과 정신도 명품의 이미지에 걸맞는가를 생각해봐야 한다. 명품처럼 삶에 대한 장인정신과 자부심을 생각해볼 일이다. 명품은 진열장에만 있어도 빛이 난다. 당신이 어디에 있든지 가치를 발휘할 때 비로소 명품의 주인이 되는 것이다.

진정한 부자들은 어떤 명품을 지니고 있는지 관심도 두지 않는다. 자신이 그것보다 훨씬 더 가치 있는 사람이라고 여기기 때문이다. 당신도 그렇다. 당신이 있는 자리에서 스스로 빛을 내라. 자신의 일을 정확하게 알고 최선을 다하는 모습은 돈으로 살 수 없는 귀한 가치를 지녔다. 그러니 언제 어디서든 위풍당당하라.

04

돈으로 살 수 없는 것들을 탐하라

미국의 경제학자 이스털린은 “소득의 증가에 따라 행복이 비례해 높아지지 않는다.”라는 결론을 얻었다. 이것이 바로 유명한 ‘이스털린의 역설’이다. 돈이 없다가 있으면 굉장히 행복해지지만, 먹고살 만큼 충분한 소득에 이른 뒤에는 돈에 의해 행복이 좌우되지 않는다는 것이다. 물론 일정 수준까지는 돈은 행복과 비례한다.

자본주의를 살아가는 우리에게 돈은 행복을 위한 필수적인 조건이라는 걸 누구도 부인하지 못한다. 우리의 현실적인 고통의 대부분은 돈에서부터 나온다. 그러나 돈이 많다고 반드시 행복한 건 아니므로 행복을 위한 필수조건은 아니다.

돈을 자신의 내적인 삶을 풍요롭게 가꾸는 데 쓰면 행복지수가 상승된다. 문화예술적인 취향을 계발하고, 취미생활을 늘려서 내적인 삶의 만족도를 높이는 것이다. 남보다 더 비싼 자동차와 물건을 소비하는 대신, 가치 있는 경험을 하는 데 지갑을 열면 된다. 여행이나 취미활동 등 자기만의 독특한 취향을 가꾸는 것이다. 그 과정에서 자신을 더 잘 마주할 수 있게 되는데 이런 긍정적인 감정들이 행복을 느끼게 해준다. 이렇게 객관화되기 어려운 정서적 만족은 자동차 배기량이나 아파트 평수처럼 남들과 쉽게 비교당하지 않기에 더 의미가 있다. 물질적인 것들은 더 비싼 것 앞에선 초라해지게 마련이다. 중형차로 만족하던 마음이 고급 수입차 앞에서 기가 죽는 것과 같다.

두 번째는 내가 아닌 남들을 위해 돈을 사용할 때 더 행복해진다. 남을 위해 돈을 쓰면 자신의 욕망만을 채우기 위해 쓸 때보다 오히려 더 큰 보람과 행복감을 느낄 수 있다. 선물은 받을 때도 좋지만 남을 위해 고를 때 더 설렌다. 선물할 사람의 취향과 기호를 떠올리고 선물을 사기 위해 쇼핑을 나서는 길도 행복하다.

노벨 경제학 수상자 다니엘 커너먼은 학생들을 대상으로 실험을 했다. 학생들에게 돈을 조금씩 주고 한 그룹은 자신을 위해 쓰도록 하고, 다른 그룹에게는 가족이나 친구를 위해 쓰라고 하며 두 그룹을 비교했다. 자신을 위해 돈을 쓴 그룹은 아이스크림을 사먹거나 간단한 놀이를 하는 등으로 쉽게 써버리는 경향이 있는 반면, 다른 사람을 위해 돈을 쓰도록 한 그룹은 그보다 훨씬 복잡했다. 돈을 누구를 위해 쓸 것인가를 생각하고, 그의 성향이나 기호를 파악하고, 그에게 무엇을 어떻게 하는 것이 적당할지 생각하는 등 정성스러운 일련의 절차를 거친 후에야 돈을 쓴 것이다. 따라서 돈을 쓴 후에 그들은 행복감에 젖었다.

돈으로 자신과 가족의 이기심만을 채우는 사람들은 결코 더 큰 행복으로 나아가기 어렵다. 행복이라는 것이 물질적인 풍요만이 아닌 사회나 다른 사람과의 관계 속에서 얻어지기 때문이다.

마이클 샌델은 그의 책 《돈으로 살수 없는 것들》에서 전통과 명예와 인간적 가치가 존중되는 사회에서는 돈의 위력이 비교적 적다고 했다. 반대로 굳게 지켜야 할 전통이나 명예가 없거나 인격이 존중되지 않는 천박한 사회에서는 돈이면 모든 것이 해결된다는 것이다. 우리 사회가 어디에 속하는지 점검해야 한다.

우리 인생을 돌리는 축에는 돈으로는 치환할 수 없는 가치들이 있다. 그것을 잊는 순간 우리 삶의 지향점은 사라지고 축은 무너진다. 돈을 좇아 돈만을 위해 달리는 무모한 사람이 되고 마는 것이다. 그의 곁에는 결코 행복이 자리잡을 수 없다.

끝없는 비교와 욕심으로 공허감을 느끼면 안 된다. 당신이 정해놓은 모델에 집중하기 때문에 나타나는 현상이다. 대학 입시, 취업, 결혼, 출산과 육아, 주택 마련, 심지어 여행의 패턴까지 남과 비슷한 걸 욕망하고 있는 건 아닐까. 같은 아파트 구조, 같은 배기량의 승용차, 집을 넓혀 나가는 패턴까지 남들이 말하는 보편적 기준에 맞춰 살다 보니 마음 편한 날 없이 피곤하기만 한 것이다.

최근 대학생을 대상으로 언제 가장 자존감이 낮아지는지 물었다. 놀랍게도 1위에 랭크된 대답은 남들의 행복한 SNS를 볼 때라고 했다. 카페인(카카오톡, 페이스북, 인스타그램)의 폐해다. 그 속의 일상은 우리 삶의 비교 기준이 되고 있다. 모두 행복한 것 같은 SNS 속 세상은 사실 연출된 부분도 없지 않아 있다. 그 누구도 비루한 자신의 일상을 올리지 않기 때문이다.

일찍이 로마시대 시인 호라티우스는 자신만의 성공 기준이 없으면 끝없이 남들 인생의 좋은 면과 자기 인생의 나쁜 면을 비교하기 때문에 평생 만족과 행복을 모른다고 경고했다. 다른 사람의 SNS 속 연출된 장면에 좌절하기보다는 오늘의 내 삶에 집중하라.

모든 사람들이 추구하는 길은 다르다. 각자 삶의 기준이 달라야 자신만의 멋을 추구하며 행복을 만끽할 수 있다. 자꾸 두리번거리지 마라. 자신만의 성공 기준을 세워 놓지 않았다는 표시고, 자기의 기준점이 없다는 신호다. 오늘을 열심히 산 스스로에게 용기를 북돋아주어라. 앞으로 당신 인생을 변화시킬 용기를 얻게 된다. 바로 그때 막연하고 불안하기만 했던 미래는 풍요로운 희망과 함께 다가온다.

05

당신은 이미 너무 많은 것을 가졌다

쇼핑은 무시할 수 없는 일상의 기쁨이다. 세상살이의 스트레스를 날려주고 갖고 싶은 것을 비로소 손아귀에 넣었다는 충만한 행복감을 준다. 우리는 인터넷의 발달로 소비가 범람하는 시대에 살고 있다. 오늘도 지름신은 내 주위를 맴돈다. 가장 유혹적인 모습으로 구매를 하라고 속삭인다. 여기에 아침에 눈뜰 때부터 잠자리에 들 때까지 눈앞에서 사라지지 않는 홈쇼핑 채널이나 쇼핑 광고는 이를 부추긴다. 대량 생산, 대량 소비가 이뤄져야만 유지가 되는 세상에 살고 있기에 너무 당연한 일이 아닌가 싶기도 하지만 내 지갑을 노리고 작정하고 달려드니 한편으로는 무섭다. 어쩌면 거기에 현혹되는 내 마음이 더 무서운지도 모른다.

분명 나는 아무 불편함 없이 잘 살고 있었는데 동창회에 나온 친구들이 모두 입고 나온 올해 유행하는 그 코트가 예뻐 보이는 순간, 맘이 편치 않고 내가 한 액세서리가 유행에 뒤처지는 것 같아 불편하다. 어디 그뿐인가. 같은 디자인인 데도 다른 색의 슈트가 멋져 보이고 아무 문제없던 안경테까지 신경이 쓰인다.

물건을 소유하는 것으로 타인과 비교하고, 자기만족을 위해 소비할 수밖에 없는 사회가 되었다. 조사에서 밝혀졌듯이 TV를 많이 보는 사람들은 지출이 높고 저축이 낮은 충동적 소비경향을 보인다고 한다. TV에 나오는 영상이 소비욕구를 자극하기 때문이다. 당장 필요하지도 않은 드라마 여주인공의 빛나는 핸드백이 그렇게 멋져 보일 수가 없다. 어디 드라마뿐인가. 각종 건강정보 교양프로도 마찬가지다. 방금 방송에서 소개한 노화를 막아준다는 그 건강식품은 같은 시간대의 다른 홈쇼핑 채널에서 열심히 팔고 있다는 불편한 진실이 숨어 있다. 포털에 생수를 검색했더니 SNS 광고에 내가 클릭했던 생수가 뜬다. 빅데이터를 이용한 소비촉진시스템이 구축된 것이다.

인정하고 싶지 않지만 미디어에 노출될수록 더 많은 소비욕구를 갖게 된다. 내 안의 요구라기보다는 주입된 니즈에 의해 움직여진다는 사실이 좀 불편하다. 불필요한 소비의 원인이 지름신의 유혹이었는지 쇼핑호스트의 화려한 멘트였는지는 중요하지가 않다. 결국 내가 최종적으로 결정한 일이니 누구를 탓하겠는가. 지금 행복해지는 방법으로 나는 그 소비를 선택했고, 물건을 소유함으로써 바닥에 눌러 붙었던 자존감이 회복되었다고 착각한다. 쇼핑을 해야만 스트레스가 풀린다면 그 폐해는 더욱 심각하다. 아울러 우울증과 불안증의 원인이 되기도 한다.

문제는 우리가 광고를 비판적으로 볼 수 있는 능력이 부족하다는 점이다. 광고는 점점 교묘해지고 광고를 비판적으로 바라보기 점점 어려워지게 만들고 있다. 광고는 절대 제품의 단점을 내보이지 않는다. 오로지 장점만을 부각시킨다. 바르면 주름이 펴진다는 광고를 믿고 열심히 정성껏 발랐지만 주름이 깊어지는 것을 막지 못한다. 고성능 면도기를 산 사람은 이전에 10년 넘게 쓰던 것과의 차이를 모르겠다고 하고, 광고에 현혹돼 사용하던 멀쩡한 제품을 바꿨지만 별다른 장점을 발견하지 못했다고 한다. 똑똑하고 현명한 소비자를 상대로 제품을 팔기 위해 판매자들의 고민은 더 깊어지고, 더 은밀하고, 더 매력적인 방법을 택하게 되는 것이다.

보스턴대학 줄리엣 쇼어 교수는 보스톤 교외의 부자 동네와 보스톤 시의 중산층 동네 초등학생을 대상으로 조사를 진행했다. 부자 동네의 연평균 소득은 9만 달러, 중산층은 3만 5천 달러 정도였다. 조사결과 놀라운 건 중산층 동네 아이들이 부자 동네 아이들보다 더 소비 지향적이었다고 한다. 중산층 아이들이 쇼핑을 더 좋아했고, 소위 명품 브랜드에 대해 더 많이 알고 있었다.

부자 동네 아이들은 부모로부터 소비를 자제하는 훈련을 받았기 때문이다. 돈을 버는 것만큼이나 부의 유지가 어렵다는 걸 경험한 부모는 자녀들에게도 올바른 소비를 위한 가정교육을 시켰다. 용돈 일부를 기부하거나 저축을 하도록 가르친다. 필요와 욕구의 차이를 가르치고 용돈을 활용하는 법을 알게 하는 데 중점을 둔다. 아이들이 비싼 비디오 게임이나 장난감을 사달라고 하면 당장 사주는 게 아니라 용돈을 저축해서 스스로 사도록 교육한다. 또한 텔레비전 시청 시간을 통제하면서 텔레비전에서 무차별적으로 쏟아져 나오는 소비문화에 물들지 않도록 지도한다.

마이크로소프트 창업자이며 세계 갑부인 빌 게이츠도 자녀들에게 일정액의 용돈만으로 생활하게 한다고 알려져 있다. 게다가 자녀들이 어렸을 때는 휴대전화와 IT제품을 사주지 않았고 욕구를 통제하는 방법을 가르치기 위해 하루에 컴퓨터를 사용할 수 있는 시간도 엄격하게 제한했다. 소비에 있어서 욕구를 통제하는 사람만이 부를 축적할 수 있고 성공할 수 있다는 걸 가르친 것이다.

19세기 말 미국의 경제학자 베블렌은 유한계급론에서 부자들의 과시적인 소비를 비판했다. 그리고 부자들의 과시적인 소비가 중하류층까지 퍼질 것을 예상했던 것처럼 이제 부자들은 소비로부터 벗어나고 있는데 오히려 중산층의 소비문화는 늘고 있다.

소비를 통제하는 것에 익숙한 부자들은 1+1이라고 해서 일단 사고 보는 식의 행동은 잘하지 않는 편이다. 가격보다는 전체적인 수요를 예상하고 합리적인 소비를 하는 경우가 많다. 가격의 높고 낮음을 떠나 철저하게 자기 필요에 의한 가치소비를 한다. 절대적인 금전 감각의 소유자인 부자들은 '오늘만 80퍼센트 할인'이라는 영업 멘트에 넘어가지 않는다. 반면 우리는 대개 이런 멘트에 지갑을 열고야 만다. 즉 지금 사지 않으면 손해라는 생각에 쓸데없이 많이 사거나 불필요한 물건까지 구매하는 것이다.

돈을 쓰기 전에는 냉정해져야 한다. 사탕발림 영업 멘트에 혹하거나, 외상이면 소도 잡을 기세로 장기할부의 숫자놀음에 속아 넘어가 후회하는 악순환을 끊지 않으면 쇼핑중독이 되는 건 시간문제다. 작은 금액의 지출이라도 민감할 줄 알아야 한다. 불안한 마음을 쇼핑으로 달래려는 것부터 바꾸자. 구매 목록 없이 쇼핑을 위해 집을 나서지 말고, 습관적으로 클릭하는 쇼핑 사이트의 방문을 자제하는 것부터 시작하자. 당신은 이미 너무 많은 것을 가졌다.

06

누구와도 비교될 수 없는 자기의 스타일을 찾아라

현금 백억 이상을 소유하고 있는 사람들은 도대체 어떤 옷을 입고 지낼까? 그들의 착장 패션 아이템이 몇천만 원이 넘는다는 호사가들의 계산처럼, 명품만으로 채운 패션을 추구할 것으로 믿겠지만 사실 그렇지 않은 경우가 대부분이다.

그들이 신경 쓰는 건 겉으로 드러나는 로고나, 누구든 얼마인지 쉽게 가격을 알 수 있는 브랜드가 아니다. 브랜드보다는 소재에 신경을 더 많이 쓴다. 마치 화려한 색조화장으로 결점을 감추려 하기보다는 빛나는 맨얼굴을 위해 엄청난 돈을 투자하는 것과 비슷하다.

이처럼 대중에게 잘 알려진 명품이 아닌, 최상류층만이 누리는 최고급 명품들을 '위버 럭셔리'라고 부른다. 이런 네이밍 역시 상류층 내에서도 차별화되고 싶은 욕망을 반영한 것이다. 위버 럭셔리 제품을 찾는 고객들은 사치스럽고 요란하지 않은 자기만의 스타일과 희소성을 동시에 챙기려는 사람들이다.

천편일률적인 기성품 대신 '메이드 투 오더' 맞춤 제품을 찾는 것도 이들의 특징이다. 원단, 부자재, 치수, 디자인 등을 원하는 대로 자기기호와 취향에 맞게 정할 수 있어서 선호한다. 업계에서 VVIP로 불리는 이들은 이건희 삼성그룹 회장의 단골 브랜드인 '키톤'이나 버락 오바마 미국 대통령의 '까날리' 같은 이탈리아 정통 브랜드숍에서 자신만을 위해 전통방식으로 세심하게 만들어진 맞춤 슈트를 구매한다고 알려져 있다. 누구도 겉만 보고는 그들이 걸친 제품의 가격이나 가치를 가늠할 수 없게 만드는 것이다.

이런 최상류층이 선호하는 브랜드는 일반인들에게 광고도 하지 않고 매장도 흔히 눈에 띄지 않는다. 오랜 전통의 로로피아나가 일반인에게 알려지지 않은 것도 대중마케팅을 하지 않는 방식의 전략을 구사했기 때문이다. 위버 럭셔리 제품을 찾는 고객들은 자신만의 스타일과 희소성을 찾는 것이다.

주식 상장과 대규모 투자 유치로 막대한 부를 거머쥔 젊은 부자들은 이전 세대의 요란하리만큼 화려한 재벌들과는 여러 면에서 다른 모습을 띤다. 유산으로 부를 상속받은 것이 아닌 자신의 능력으로 부를 이룬 이들은 단순히 돈만 많은 사람들로 인식되기를 단호히 거부한다. 소비에 있어서도 부를 과시하는 측면보다는 자신의 필요에 의해 합리적 소비를 하기 원한다. 다만 자신이 가치 있다고 생각되는 것에는 남들이 알아주건 말건 최고의 제품을 구매한다.

'샤 테크'라고까지 불리며 콧대 높은 고공행진을 계속하고 있는 샤넬은 창립자인 코코샤넬의 스토리만큼 매력적인 브랜드다. 흰 머리에 검정 선글라스, 열 손가락이 다 나오는 검은 가죽 장갑을 낀 80대 신사의 사진을 본 적이 있는가? 21세기의 샤넬을 있게 한 수석 디자이너로, 죽은 샤넬의 환생이라는 찬사와 상업적이라는 비판까지 한 몸에 받은 칼 라거펠트다. 그는 샤넬의 부흥을 이끌었다고 평가받는 인물로 얼마 전 타계했다. 화려한 그의 행보는 세계 각지에서 뜨거운 관심을 받아 왔다. 촌철살인의 날카로운 어록으로도 유명한데 집에는 20만 권이 넘는 책을 보유할 정도로 알려진 독서광이었다.

그는 "온몸을 명품으로 치장한 속물근성의 사람들을 보면 안타깝다. 진정한 패션은 자신에게 가장 잘 어울리는 옷을 멋지게 소화해 입는 것이다."라고 말했다. 그의 지적처럼 온몸을 브랜드 로고로 휘감은 사람들을 보면 스스로 광고판을 자처하는 것 같아 불편함이 느껴질 때가 있다.

"개성은 다른 사람과의 비교가 종료되는 시점에서 시작된다. 나는 복제품이 아니다. 그 누구와도 비교당할 수 없다는 걸 기억하자."라는 너무도 멋진 이 말은 샤넬의 수석디자이너가 말했기 때문에 빛나는 게 아니다. 패션의 핵심을 짚어주고 있기 때문이다.

앞에서도 이야기했지만 명품 옷을 걸치고 명품 잡화를 지닌다 해서 우리 인생이 명품이 되는 것은 아니다. 오히려 그 명품의 가치에 주눅들고 비싼 가격에 내 행동이 부자연스러워질 수도 있다. 이런 사람들을 보는 것이 안타까워 칼 라거펠트는 "끊임없이 자신을 재창조해야 한다."라고 했는지도 모른다. 그는 이를 증명하듯 저렴한 스파 브랜드와의 콜라보로 "패션은 값이 다가 아니다."라는 걸 보여주기도 했다.

패션 역시 자기 자신의 개성을 잘 알 때 발전시킬 수 있는 영역이다. 패션으로 자신의 정체성을 드러내고 매력을 돋보이게 하려면 자신에 대해 잘 알아야 한다. 체형의 특징이나 어울리는 디자인, 색깔 등을 평소에 잘 관찰해야 한다.

옷차림은 그 사람의 미적 감각, 패션에 대한 센스, 지향하는 삶의 방식을 보여준다. 패셔니스타 비결은 자신의 이미지나 체형에 맞는 옷을 입는 것이다. 외부의 기준을 무조건적으로 따르는 것이 아니라, 내가 소화할 수 있는 이미지와 보이고 싶은 이미지 사이에서 고민의 시간을 갖는 것이다. 패션이란 명품 브랜드의 옷이나 가방 신발 등 성공한 사업가나 부유층에게만 해당되는 것이 아니다. 칼 라거펠트의 통찰처럼 매일매일 일상에서 마주치는 패션은 자신을 잘 드러낼 때 의미가 있다.

궁극의 럭셔리란 자기 자신에게 가장 잘 어울리는 삶을 살 때 뿜어져 나온다. 명품의 로고에 눈독들이지 말고, 자신의 꿈이나 이상에 눈독들여라. 그리고 그것의 향방을 좇아 나아가라. 스스로 명품이 되는 길이다.

07

매너가
성공을 부른다

호텔은 우리가 원하는 서비스가 총집결되어 있는 곳이다. 안락하면서도 고급스런 객실, 최고의 셰프가 요리하는 다양한 레스토랑, 피트니스와 스파 시설에 마사지까지 받을 수 있는 장소다. 어디 그뿐인가. 최고급 부티크와 럭셔리 브랜드가 호텔 내 아케이드에 들어와 있으니 그야말로 호사로운 휴가를 책임지는 곳이다.

하지만 요즘은 부유층만 드나든다고 생각했던 호텔 문턱이 많이 낮아졌다. 가격적인 면에서도 경쟁력이 있는 상품들이 많이 준비되어 있다. 비단 휴가철만이 아니라 특별한 객실 패키지 상품이 시즌별로 준비된다. 로맨틱한 연말연시를 위해, 발렌타인데이나 화이트데이는 물론 명절을 치르느라 수고한 아내를 위해 호텔을 찾기도 한다.

호텔리어들은 기본적으로 호텔을 찾는 고객들이 호텔에 대해 좋은 기억을 갖고 돌아가는 것에 큰 기쁨을 느끼는 사람들이다. 정중하고 당당하게 도움을 요청하면 모두 기꺼이 도움을 주는 사람들이다. 궁금한 내용은 언제든지 프런트나 GRO Guest Relationship Officer 데스크, 컨시어지 데스크에서 여행지에 대한 안내 및 추가적인 정보를 받을 수 있으니 충분히 활용해보는 것도 좋다. 세금과 봉사료가 숙박요금과 식사요금에 포함된 우리나라와는 달리 외국의 경우에는 따로 봉사료 즉 팁을 챙겨주는 것이 매너로 인식되기도 하니 고마움을 마음으로만 간직하지 말고 표현하는 것도 중요하다. 아쉽게도 우리나라 고객의 호텔매너 점수는 그리 높은 편이 아니다. 몇 가지 매너만 지켜도 민폐를 끼치는 고객에서 벗어날 수 있다.

첫째, 예약 단계에서부터 원활한 소통이다. 객실 예약 시 정확한 투숙 인원과 흡연 여부 등을 밝히는 것이다. 간혹 추가 비용을 내지 않기 위해 인원을 적게 말하거나, 담배 냄새가 나지 않는 방을 원해 놓고 비흡연룸에서 담배를 피우는 경우가 있다. 호텔 측을 난감하게 하는 행동을 거리낌없이 하는 것이다. 이런 고객을 대면할 때 기분 좋을 사람은 없다.

둘째, 사적인 공간과 공적인 공간의 구분이다. 타월이나 가운만 두르고 객실 밖으로 나오거나, 객실용 슬리퍼를 신고 호텔을 돌아다니는 건 결례다. 하얀색 메리야스에 반바지 차림으로 객실용 슬리퍼를 신고 로비에 나타나도 곤란하다. 시끄럽게 떠들면서 복도를 지나가는 일 역시 다른 투숙객의 휴식을 방해하는 행동이다.

셋째, 호텔 내 시설물이나 집기 등의 사용에 대해 주의해야 한다. 간혹 주전자에 스프를 넣고 라면을 끓여 먹는 경우도 있다. 물을 끓여 객실에서 컵라면을 먹더라도 라면 냄새에 익숙지 않은 다른 문화 사람들을 위해 환기를 해놓는 것이 예의다. 또 해외 호텔들은 배수관, 냄새 등 위생상 이유로 화장실 바닥에 배수구를 만들지 않는다. 하지만 적지 않은 한국인들이 이를 몰라 샤워커튼도 치지 않은 채 샤워를 하다가 화장실을 물바다로 만드는 난감한 상황이 목격되기도 한다. 샤워커튼을 반드시 욕조 안쪽으로 치는 것은 호텔 이용 시 필수 매너다.

마지막으로 로비, 프런트, 복도에서 뛰어다니는 아이들을 그대로 두면 안 된다. 다른 사람들에게 피해를 줄 수 있고 호텔은 공공의 공간이라는 걸 가르쳐야 한다.

여기에 소소한 것을 더하자면 깔끔한 옷차림은 나만을 위한 것이 아니라는 것도 생각해볼 필요가 있다. 메인 레스토랑에서는 성인 남성의 반바지나 티셔츠 차림 등으로 입장이 금지된 곳이 많다. 물론 고객에게 "드레스 코드가 맞지 아니하오니 옷을 갈아입고 와주세요."라고 말하는 호텔리어는 없지만 사전에 드레스코드가 있는지 확인해두는 것이 좋다.

여행의 즐거움을 방해하는 것은 아니지만 함께 이용하는 공공 장소인 만큼 주의해야 한다. 한국과 일본처럼 서비스 요금이 포함된 나라에서는 직원의 서비스에 대해 "감사합니다."라고 한마디를 해주면 된다. 팁보다도 감사의 말 한마디가 서로를 기분 좋게 하는 법이다. 그 외의 나라는 보다 좋은 서비스를 위해서 적정 수준의 팁은 꼭 남겨주는 게 센스다.

어느 관광지 해외 특급 호텔의 뷔페식 아침 식사 시간에 있었던 일이다. 한국인 관광객 일행이 호텔에서 제공하는 음식이 입에 맞지 않다는 이유로 한국에서 가져온 고추장과 김, 김치, 젓갈 등 각종 밑반찬을 테이블 가득 펼쳐 놓고 먹었다. 그때 옆 테이블에서 식사하던 서양 관광객이 냄새를 참지 못하고 호텔 측에 거세게 항의하는 소동이 벌어졌고, 그 후 호텔 레스토랑에서는 한국인 관광객을 다른 손님과 격리시키는 방침을 세웠다고 한다.

이제는 우리에게도 여행은 삶의 일부가 되었다. 지난해 해외여행에 나선 국민은 2천6백만 명에 이르렀다고 한다. 우리의 매너를 더욱 돌아봐야 할 시점이다. 사실 깍듯한 매너보다 더 중요한 건 서로 배려하는 마음이다. 혹시 내 행동으로 인해 함께 있는 다른 사람이 불편해하지 않는지 인식하며 행동한다면 크게 눈살을 찌푸릴 일은 생기지 않을 것이다.

또 절대 하지 말아야 할 것 중 하나는 호텔 내 비품들을 챙겨오는 것이다. 우리나라도 호텔에 비치된 가운이나 슬리퍼까지 가져가는 관광객들 때문에 골치를 앓는다고 한다. 세계적 호텔 예약 체인 호텔스닷컴이 정한 나쁜 매너 1위에는 예상하듯이 중국인들이 불명예를 안았다. 1950년대, 미국 관광객들 역시 유럽과 남미 등의 관광지에서 시끄럽고 무례하기로 유명했다고 한다. 일본인들과 우리나라의 경우에도 모두 '어글리'라는 불명예를 안은 적이 있다. 모 항공사의 승무원들이 한때 한국행 노선을 기피하는 사태도 있었으며 한국인을 받지 않는 호텔이나 골프장까지 있었던 과거가 있다. 갑작스런 경제성장으로 해외여행이 붐이 이는 초기에는 어느 나라나 보일 수 있는 미성숙한 행동이라 할 수 있다.

일인당 국민소득으로만 그 나라의 수준을 평가하려는 마음으로 세계여행을 하다 보면 불손한 행동이 자꾸 튀어나온다. 개발도상국을 여행하는 경우, 상대적으로 잘사는 나라에서 왔다는 자만심으로 현지인의 문화를 무시하거나 제멋대로 행동하는 상황도 생기게 되는 것이다. 서비스를 하는 사람도 기분 좋게 서비스할 수 있는 분위기를 이끌어내는 게 우아함 아닐까. 황당한 매너로 직업에 대한 회의를 불러오게 만드는 사람이 있는가 하면, 뭔가 더 해주고 싶은 마음이 들게 만드는 사람이 있다. 그것은 전적으로 우리의 태도에 달려 있다.

자신이 행동으로 보이는 매너는 예의와 겸손이며, 사람들 사이에서 이루어지는 인간적인 커뮤니케이션이다. 인간관계에서 매너는 무에서 유를 창조해내는 데 상대에 대한 존중을 바탕에 깔고 있다. 또한 다른 문화에 대한 배려다. 즉, 문화의 상대주의를 이해하는 사람이 매너를 잘 알고 있는 사람이다. 소소하게는 상대방 앞에서 전화받을 때, 인사를 나눌 때, 식사할 때, 미팅의 자리 등에서 부지불식간에 실례를 범하지 않도록 조심해야 한다. 그리고 잊지 말아야 할 것은 매너가 자신을 만든다는 사실이다. 더 나아가 매너가 성공을 부르는 것이다.

모두가 세상을 변화시키겠다고 생각하지만,
정작 스스로 변하겠다고 생각하는 사람은 없다.
톨스토이

옛사람들이 신을 위해서 행했던 것을

요즘 사람들은 돈을 위해서 행한다.

프레드리히 니체